吃《きつ》音《おん》の合理的配慮

著　菊池良和

学苑社

はじめに

はじめまして、私は吃音を専門とする医師です。吃音は100年以上前から研究されているため、インターネットには情報が氾濫し、正しい情報と間違った情報が混在しています。吃音の「正しい情報」を紹介するために、科学的データ（エビデンス）をまとめた『エビデンスに基づいた吃音支援入門』を2012年に学苑社から出版しました。

また、多くの吃音相談を受けていると、吃音のある子・大人はいつも同じ場面（リスク）でつまずいていることに気づきました。そのリスクにどう向き合う（危機管理）のかをまとめた内容は、『吃音のリスクマネジメント』（2014年、学苑社）に記しました。

ただ、吃音の相談を受ける人が正しい情報をもち、本人・保護者に吃音で生じるリスク対策を教えることだけでは、うまくいかないときもありました。

「面接」があるとわかると、全力で話す場面を避ける高校生がいました。

また、配慮の診断書を学校側に提出しても、

「あなたの子どもだけ、特別扱いできません」

ときっぱり言う先生にも遭いました。

話し手である吃音のある人は、吃音がない人には想像もつかないほどの最大限の努力を払っています。ことばのキャッチボールが成立するためには、聞き手（吃音がない人）が変わる必要性をいつも

強く感じています。

２０１６年に「障害者差別解消法」が施行され、合理的配慮ということばが広まり、吃音に当てはめたらどうなるのかを検討してきました。この法律をもとに吃音支援を行なうと、今まで想像もできなかった良い効果が得られる人もいました。

吃音を個人の問題で済ませるのではなく、社会の問題と捉え、「法律に基づいた支援」を考えなければならない時代となっています。

日本は法治国家です。国の政策・方向性として、吃音のある人が申し出をすると、相手側に合理的配慮を行なう義務または努力義務を課しています。

本書が吃音のある人の合理的配慮を考えるきっかけになり、吃音者だけではなく、周りの家族、学校、職場の全ての人が、人間関係を円滑に構築できるようになることを願います。

菊池良和

目　次

第1章
吃音のある子は、どんな場面で困っているのか？

合理的配慮を考える前に、吃音のある子・人がいると、どのような状況が起こりうるかを、先生や上司の立場から見た様子について簡単に紹介します。

①「うちの子、吃音があるんですが……」というお母さん

A君は、小学1年生の男の子。少しおとなしいが、友達とはトラブルなく、毎日小学校に通っています。ことばを少し、繰り返していますが、授業中は手を挙げて発表しているので、大きな問題にしていません。

A君のお母さんから、

「うちの息子、吃音があるんですよ」

と相談がありましたが、吃音のある子の担任をした経験も踏まえて
「大丈夫ですよ、お母さん。そのうち治りますよ」

と説明していますが、お母さんの心配は収まりません。


そんなに目立たない吃音なのに、なぜ、お母さんはこんなに心配しているのかわかりません。

② 声が出るのに時間がかかる小学生

B君は、小学1年生の男の子。授業中積極的に手を挙げますが、最初のひと言が出ずに、時間がかかってしまいます。10秒から30秒、声が出ないこともあります。

「ゆっくりと落ち着いて話しなさい」

「深呼吸して話しなさい」

といろんなアドバイスをしますが、声が出ないことが多いです。Ｂ君は、手や足でタイミングを取ることもあり、その仕草を笑う子もいれば、「ゆっくり」「落ち着いて」と声をかける子もいます。

Ｂ君への接し方は、「ゆっくり」「落ち着いて」と励ます対応でいいのか自信がありません。

③　吃音を気にしているのか気にしていないのかわからない小学生

Ｃさんは、小学1年生の女の子。活発に授業中に手を挙げて、少しつっかえながらも発表することができます。

休み時間、クラスの男の子に、

「なんで、『ああ』ってなるの？」

と質問されていましたが、本人は笑顔だったので、

「子どもたち同士で解決するだろう」と思っていました。

しかし、ある日の昼休みにＣさんが、教室で泣いている場面に遭遇しました。

「どうしたの？」

と尋ねると、「どうして、『ああ』ってなるの？」と男の子たちに囲まれて、何回も聞かれる、とＣさんは泣きながら訴えました。

予想していなかったＣさんの出来事に、担任の先生は驚きました。

④ セリフを覚えていない小学生

D君は、小学5年生の男の子。

「Dは、どもることがありますので、よろしくお願いいたします」

と4月にお母さんから言われていました。しかし、D君は、活発に友達と遊び、どもることも気になっていない様子でした。

ある日、D君は、3校合同の発表会の代表としてスピーチをすることに立候補しました。ただ、発表会の練習の場で、スムーズにことばが出なかったため、他校の先生から、

「ちゃんと、セリフを覚えてこんか」

と怒られてしまいました。

「覚えてこないはずはないのだが……」と担任の先生は疑問に感じました。

⑤「わかりません」しか言わない小学生

E君は、小学5年生の男の子。友達関係のトラブルや欠席もなく、問題なく登校できています。E君は、筆記テストでは良い成績ですが、授業中に当てると、

「わかりません」

と回答することが多いです。

「E君ぐらいの成績なら、答えられそうなのに……」と担任の先生は釈然としません。

⑥　遅刻や欠席が多い中学生

Ｆ君は、中学2年生。「Ｆには、吃音があります」とお母さんから聞いていますが、吃音はあまり見られません。遅刻や欠席が目立つ最近のＦ君に、

「なんで、学校を休んだの？」

と聞いても、

「体調が悪かったから」

としか答えません。遅刻や欠席のときは、国語や英語の授業が多いように感じます。

担任の先生は、「なんとか、不登校を改善できないか？」と頭をひねらせています。

⑦　面接練習で吃音がたくさん出る中学生

Ｈ君は中学3年生。高校入試で面接の試験があるので、学校で練習をすると、たくさん吃音が出ており、何回練習しても、ことばにつまる症状がみられます。

「ゆっくり話なさい」

「落ち着いていていいよ」

とアドバイスをしますが、面接練習のときに吃音が出てしまい、本人も自信をなくしています。

担任の先生は、他に何かいい方法がないかと考えています。

⑧ 就職活動を心配する大学生

Ｉさんは大学3年生。Ｉさんは、大学の就職支援室へ相談に来ますが、自分の名前を言う自己紹介すら30秒以上かかり、「就職支援も大変そうだ」と大学の担当者は心配になっています。

相談員は吃音のある人への具体的な就職支援について頭を悩ませています。

⑨ 電話対応で、吃音が出てしまう社員

Ｊ君は新入社員。事前に吃音があるとは聞いていませんでしたが、電話の受け答えでことばがなかなか出ないことを上司はたびたび目にします。

Ｊ君から、「私は吃音があるのだけど……」と打ち明けられましたが、どういう風に配慮してあげればいいかわかりません。

第2章

吃音のメカニズム

1 吃音の種類と随伴症状

吃音の主症状として、連発（ぼぼぼぼくは……）、伸発（ぼーーーくは）、難発（……ぼくは）の3種類があります。難発が生じるときには、随伴《ずいはん》症状といって、手足でタイミングをとったり、顔や舌に力が入ったりしてしまいます。

幼稚園教諭59名に、吃音について、連発、伸発、難発のことを知っているのか、尋ねた調査があります。連発のことを知っている人は95％でしたが、伸発は59％、難発については34％しか知られていませんでした（図上）。つまり、「難発＝吃音」を知らない人が多いのです。しかし、吃音のある人は、この難発が最も悩みを深めるものなのです。本書を読まれる方は、まずそのことを知ってください。難発による発話困難だけではなく、周囲の大人・友達から誤解を受けてしまうのです。

幼児期は連発、伸発が多くなりますが、大人になるにつれて、伸発が減少し、難発が増加していきます（図下）。吃音頻度の縦軸を見てもらうと、全年齢、3つの主症状を合計しても、20％程度しか吃音が現れていないことがわかります。約2割の吃音と、約8割の流暢に話せる2面性を抱えた人といえます。思春期には、「本当の自分は、どもらない自分。吃音を隠したい」と、無口になったり、話す場面から逃げる（不登校）まで陥ってしまったりする場合があります。だからこそ、どもる自分も周囲の友達・先生・親に受け入れてもらう必要があるのです。

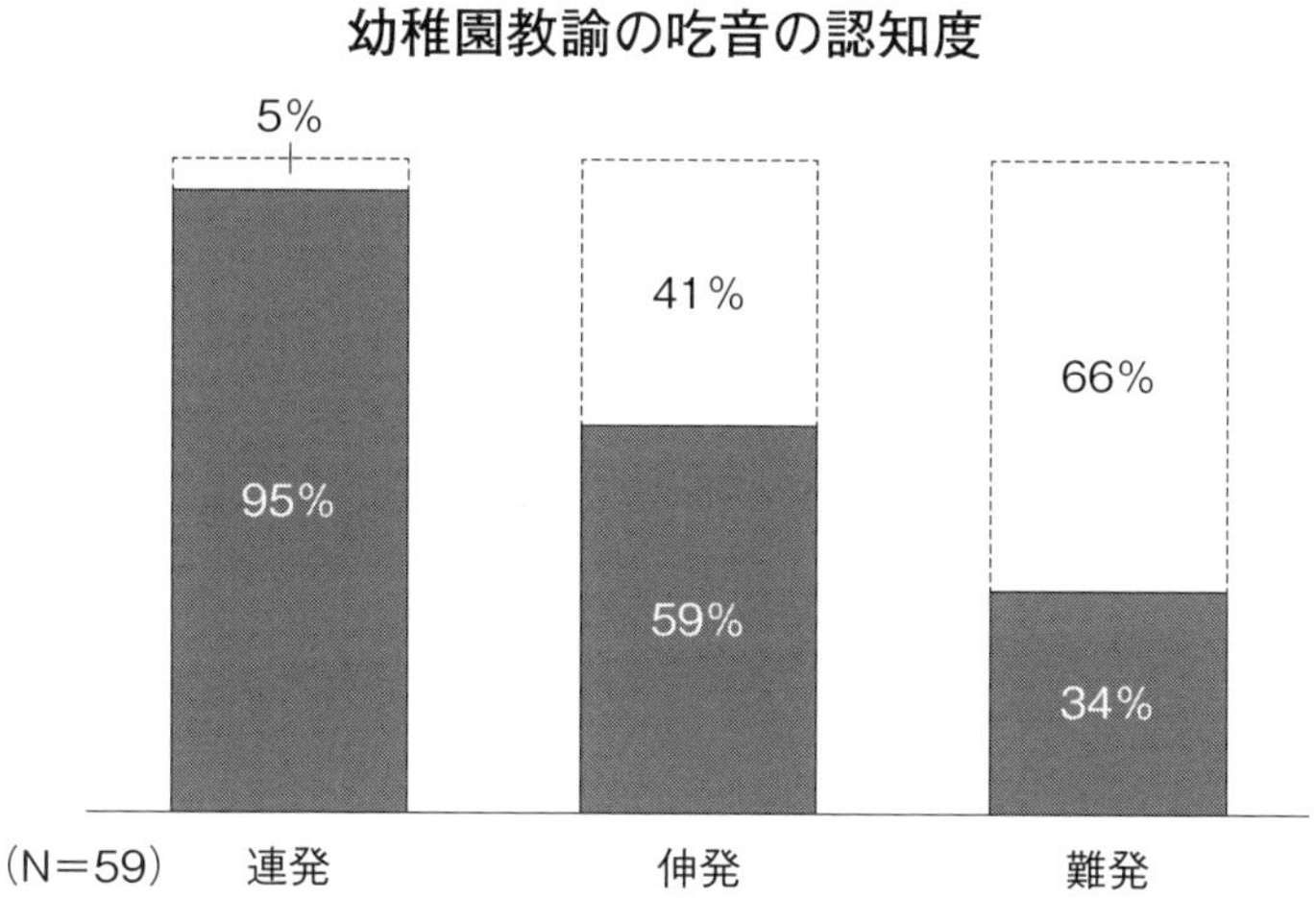

（久保・菊池，2018）

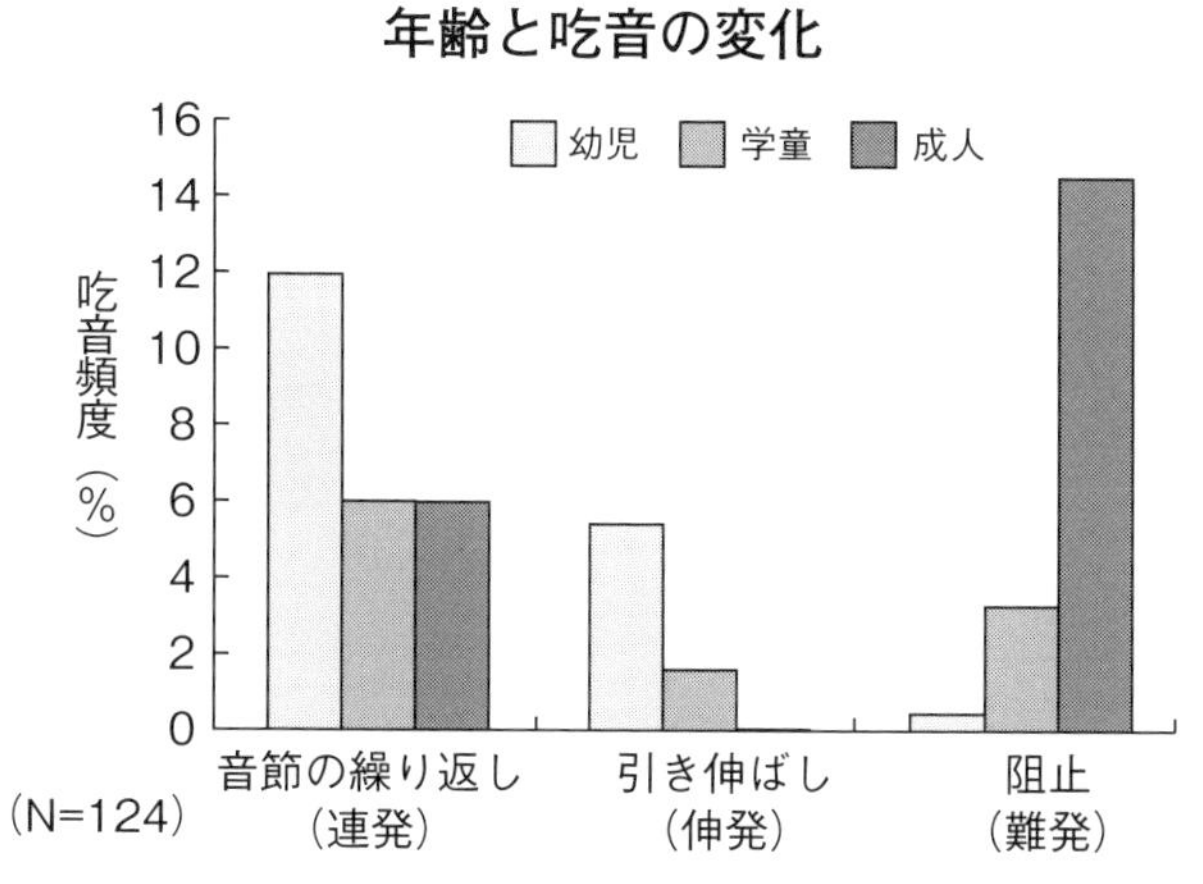

（日本聴能言語士協会講習実行委員会，2001）

2 ほどよい緊張のとき、最も吃音が減る

吃音には「歌を歌うときにはどもらない」という不思議な特徴があります。また、国語の文章音読では、どもって時間がかかることがあっても、みんなと声を合わせるだけで、流暢に話せるようになります。さらに、メトロノームに合わせて、ひと言ずつ言うことでも吃音が0になってしまいます。

このことから、外的（伴奏、誰かの声、メトロノーム）タイミングに合わせると吃音は0になることがわかります。つまり、内的（ひとりで話す）タイミングが障害されているのが、吃音の本質といえます。ただ、この内的タイミングは本人が慎重に話すことによって、タイミングは合いやすくなります。

もう一つの大きな要因は、話すことに不安や恐怖をもつと、吃音が増えることです。ただし、緊張していなくても吃音が出ることはあります。図のように、ほどよい緊張状態のときが、吃音の最も出なくなる状態といえるでしょう。

園や学校などで、あまり吃音がみられないのにもかかわらず、

「うちの子、吃音がありますので、よろしくお願いします」

と保護者から言われた場合、

「心配性な親だなぁ」

と思ってほしくないのです。

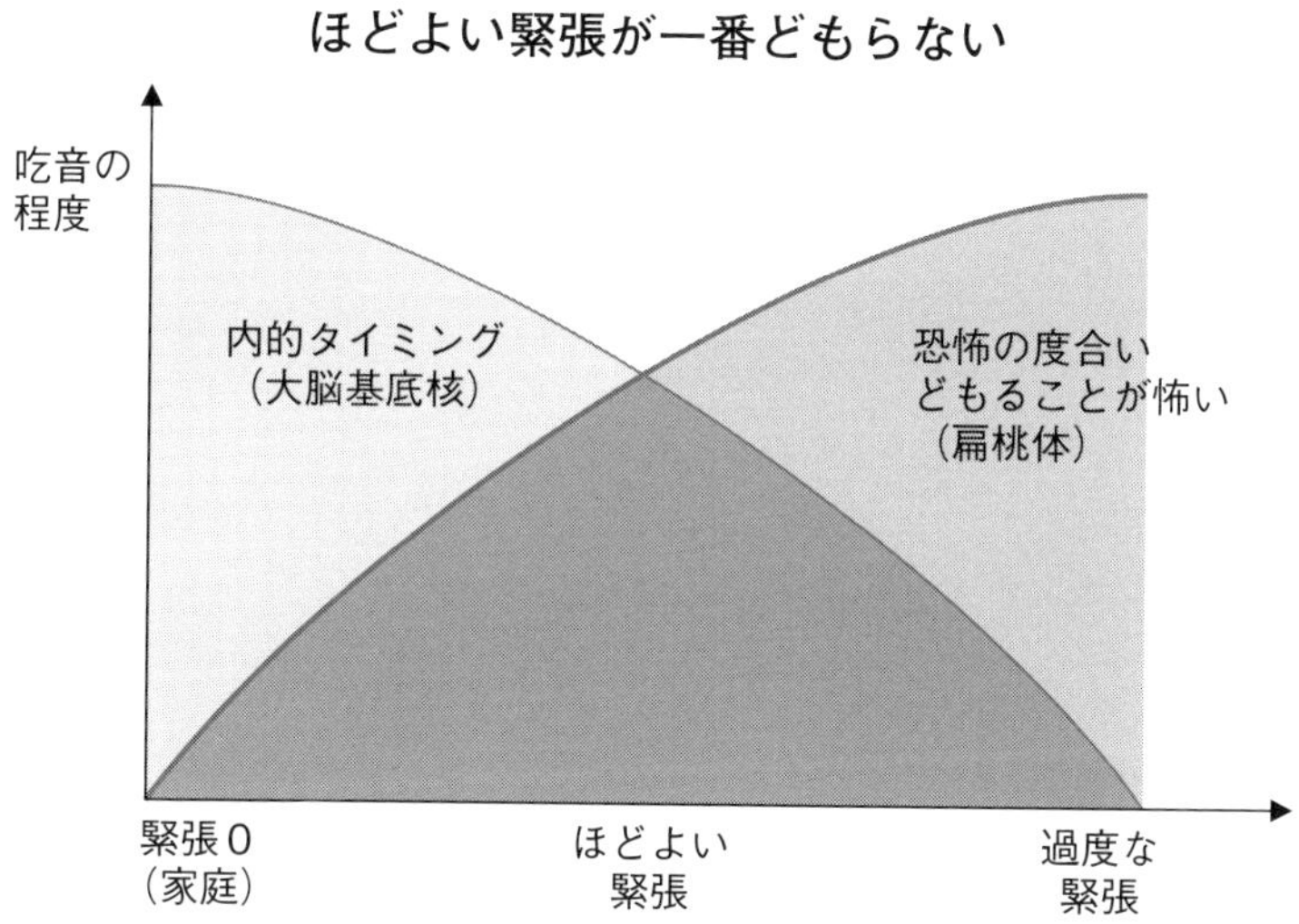

「やはり、吃音があるのですね。教えていただき、ありがとうございました。本人が友達関係や授業で困っていることがあったら、教えてください」という返答によって、打ち明けた保護者も、先生のことを安心して信頼することになると思います。

先生は本人につい、「緊張しなくていいよ」「ゆっくりでいいよ」と声をかけがちですが、逆にタイミングが合いにくくなったり、失敗できない、と恐怖が強くなったりしますので、言わないようにしましょう。

それよりは、クラスメートから、真似されたり、笑われたり、「なんでそんな話し方なの？」と指摘されたりしないように、からかい対策をお願いしたいです。

吃音のある人の話しやすい環境調整こそが、先生に対して一番望むことです。

3 吃音が出やすいことばや場面

吃音は言語障害であり、言いやすいことばと、言いにくい（吃音が出やすい）ことばがあります。その言いにくいことばは、一人ひとり違います。代表例をいくつか挙げます。「あ行」と「自分の名前の行」が苦手、という人が多い傾向にあります。「ありがとうございます」「いらっしゃいませ」「おはようございます」「お疲れ様です」「お先に失礼します」「数字の1」「会社名」も苦手な人が多いです。卒業式や授業の返答の「はい」というたった2語も吃音のある人を悩ませます。

先生や会社の上司が好むような挨拶や礼儀としてのことばは、意外と難しいのです。言えない、つまったことを叱咤されればされるほど、声が出なくなってしまうのが吃音です。不安・恐怖感が軽減すれば言いやすくなりますので、寛容な態度で接してほしいです。

ことばだけではなく、場面にも左右されます。小中高校生は、本読み（音読）が最も苦手な場面になりますが、これは、①文章で言いにくいことばが含まれ言いかえができないこと、②つっかえて嫌な経験の積み重ねが理由といえます。つっかえることによって、クラスメートから笑われることも大きな理由ですが、難発になっていることを先生が理解せず、「こんな漢字が読めないのか」「早く言いなさい」と誤解されることも一因といえます。中学生以上では、自己紹介や電話、号令などが苦手となることが多いです。新しい環境でも、話しやすい環境調整が必要となります。

吃音が出やすいことば

- ありがとうございます
- いらっしゃいませ
- おはようございます
- お疲れ様です
- お先に失礼します
- 数字（1、2……）
- 自分の名前（自己紹介）
- 会社名
- 「はい」と返事する　など

学校生活で、教師に配慮・支援を望む事項

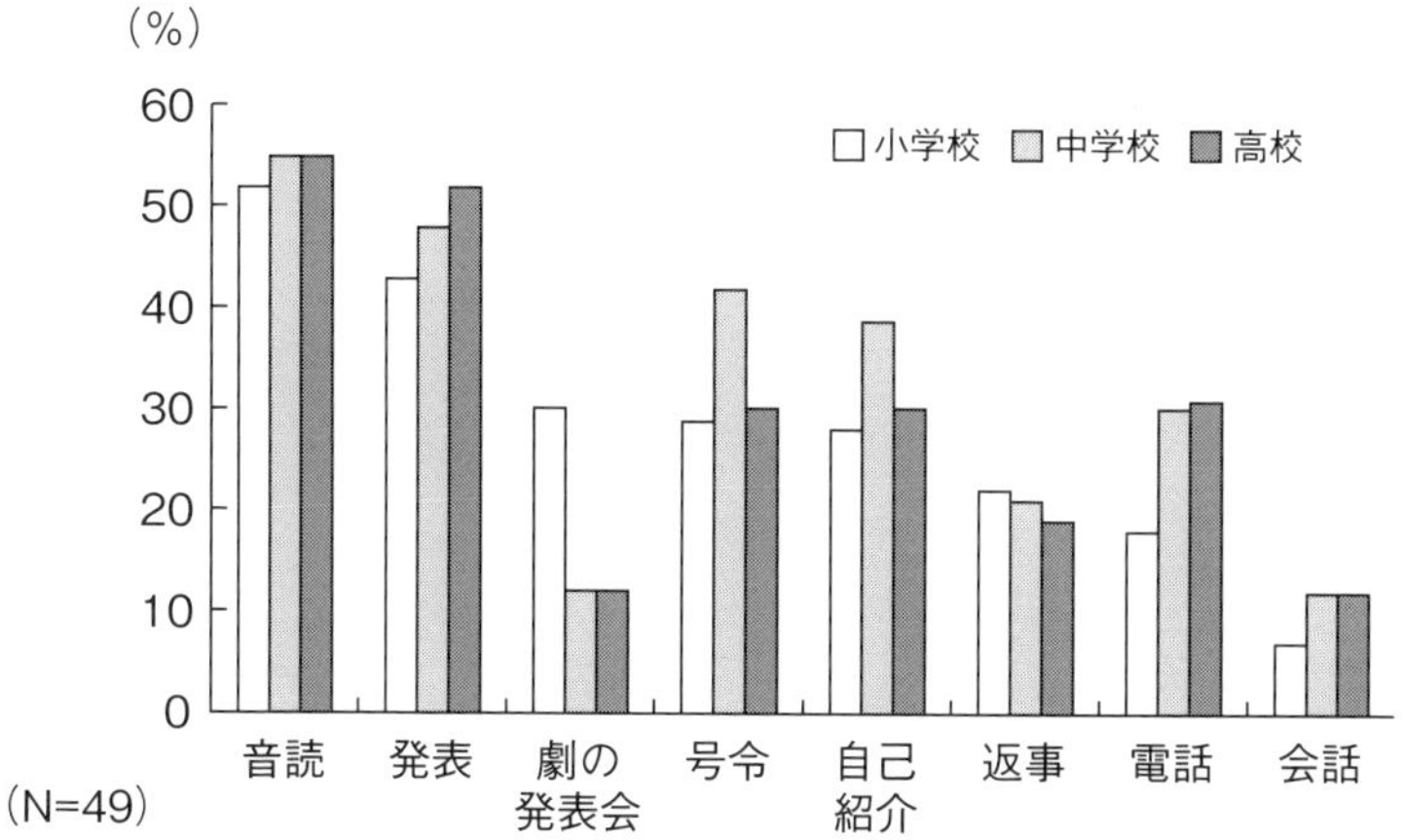

（見上・森永，2006改）

4 吃音の心理的な悪循環、そして解決法

吃音のある子は、周囲から「なんで、そんな話し方するの？」と指摘をされたり、話し方を真似されたり、笑われたりします。難発の吃音のため、自由に話せないことも加わり、吃音＝悪いもの、と思うようにもなります。そして、どもりたくない予期不安から、いろいろな吃音を隠す工夫（代償反応）が始まります。そして、小学4年生前後のある程度語彙が増えたころから、苦手なことばを言いやすいことばに言い換える回数が増えます。一見、流暢さは増し、吃音が軽減したように思えます。ただ、苦手なことばを回避しながら話すことの増加によって、人前で話すことが苦手となり、恐怖すら感じる人もでてきます。社交不安障害（対人恐怖症）の始まりです。

以前は「吃音を意識させないことが大事」と言われていましたが、現在は180度方針転換されています。つまり「吃音があるから、ことばを繰り返したり、つまることがあるんだよ。あなたは悪くないし、ひとりではないよ」と伝えて自己認知させることが、自己理解を助け、吃音の悩みをひとりで抱え込まないことにつながるのです。「どもる自分は、自分の一部」と思えると良いのでしょう。

遅かれ早かれ、「私には、吃音があります」と、カミングアウトをする機会があると思います。自分の吃音を伝えることで、吃音を周囲に理解してもらうことと、どもりたくない（吃音を隠さないといけない）強迫観念から解放されるという2つの効果があるからです。

「どもること＝悪い」と思うことによる悪循環

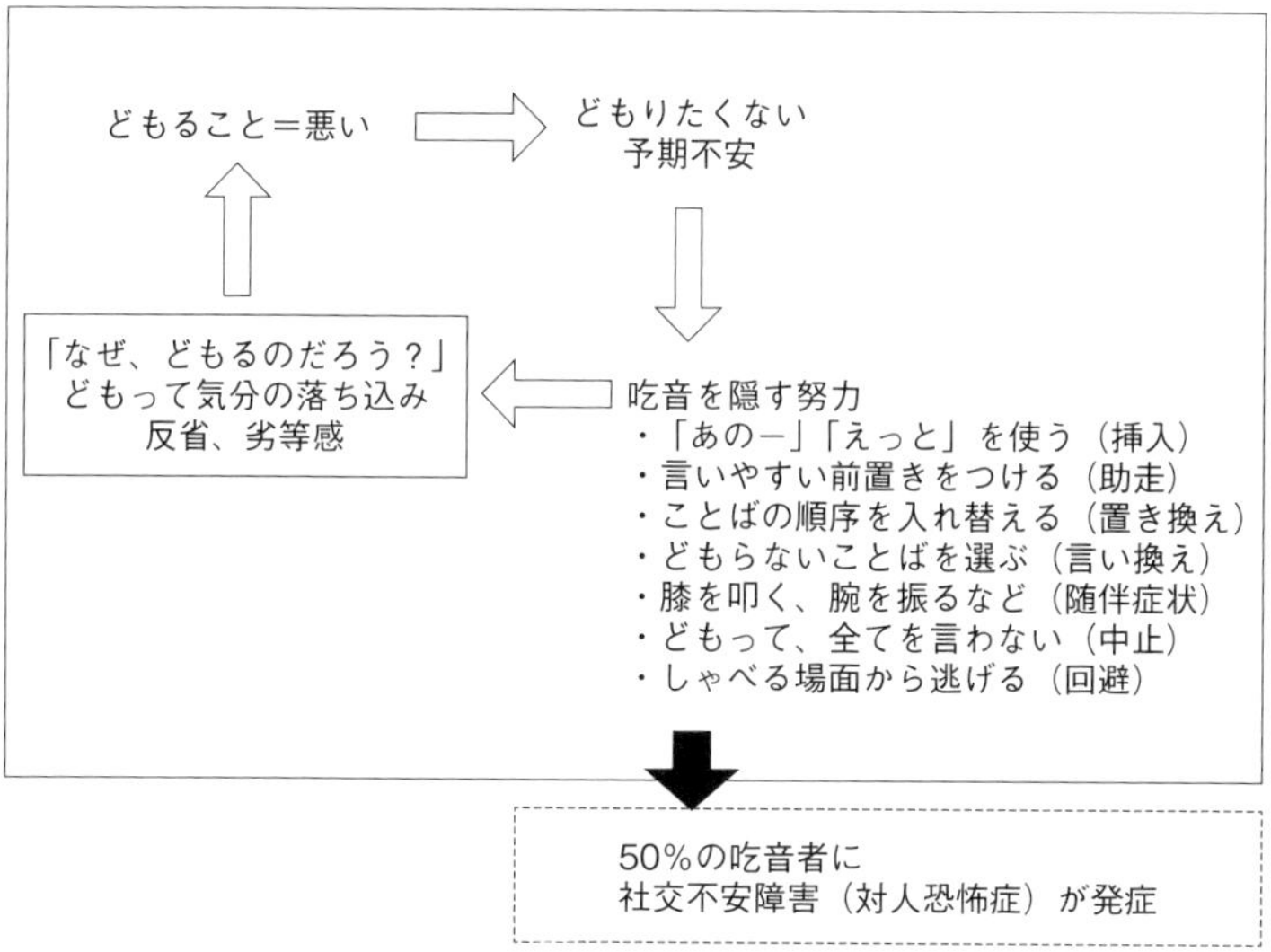

吃音認知とカミングアウトの効果

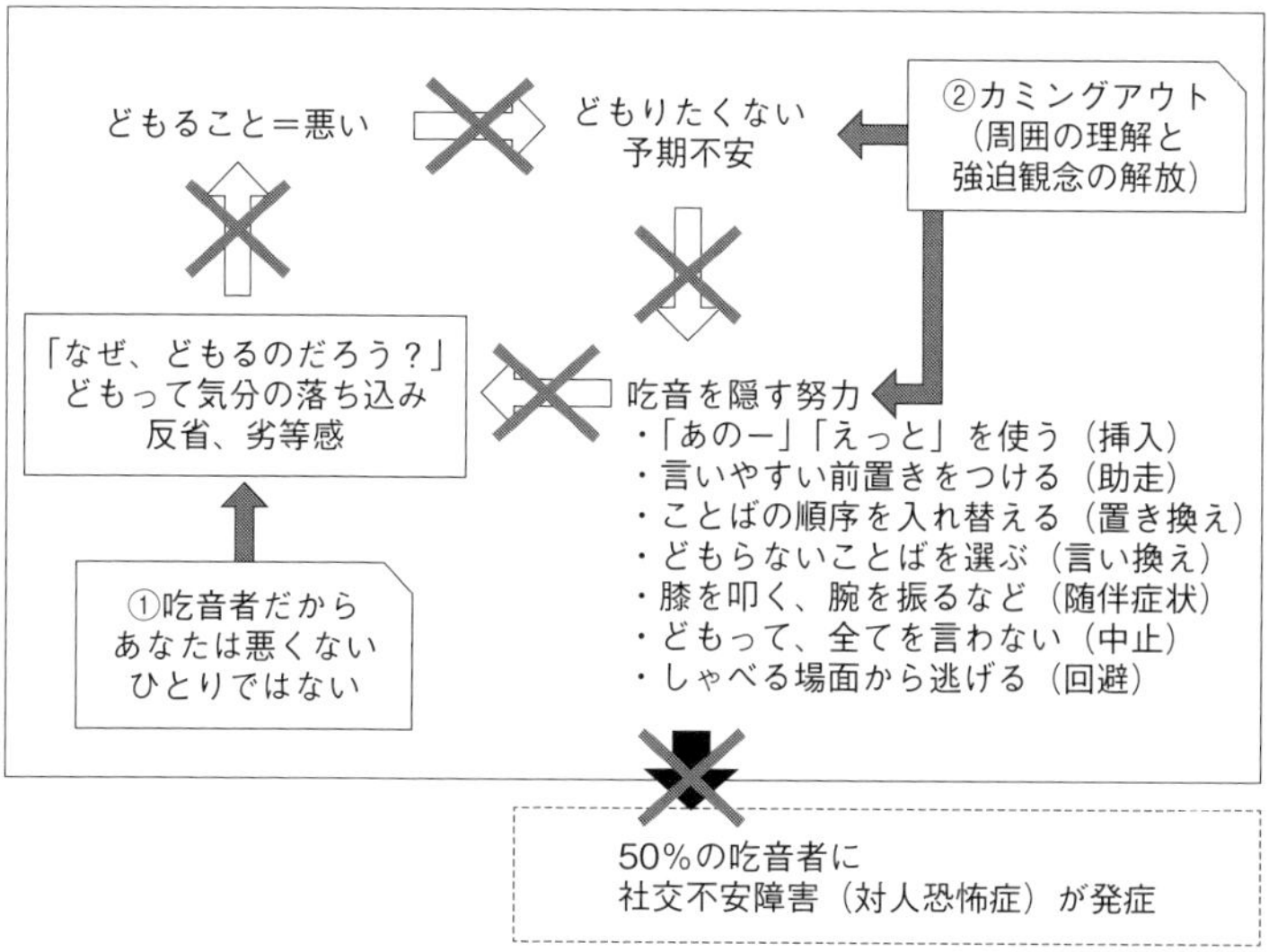

5　吃音のある人の自然経過（発話意欲の大切さ）

保護者や支援者は、吃音の自然経過を理解しておく必要があります。吃音は2歳から5歳の間に発症し、発症3年で男児6割、女児8割が自然回復します。小学2年生のときに、はっきりと吃音がある児童は、小学生の間に治る可能性は低く、吃音を抱えながら、思春期を乗り越えなければならないと言われています。

発話は2つの要素で成り立っています。表面上に聞こえる吃音と、内面にある発話意欲です（上図）。幼児期に始まった吃音は、小学校低学年で非常に目立つようになります。そのため、保護者は表面上の吃音ばかりを非常に心配しますが、「内面の発話意欲」についても気を付けなければなりません。小学校高学年以降の思春期になると、発話意欲が低下していくものです。また、語彙が増え、「言い換え」など吃音を隠す工夫をするため、表面上の吃音は軽減しているようにみえるかもしれません。高校、大学と、音読など発表する機会が減るため、吃音がだいぶ軽減していることを自覚するかもしれませんが、就職活動では面接で自分の名前や志望理由などたくさんのことを話さなければなりませんので、発話意欲が低下している場合、就職活動を乗り切れなくなってしまいます。

この発話意欲は社交不安（対人恐怖）と同義であり、年齢とともに5層に分けたのが下図です。思春期に発話意欲が低下し、社交不安が高まりすぎると、不登校、引きこもりに陥る可能性があるため、発話意欲の低下を防ぐ対策が必要となります。

吃音と発話意欲の変化

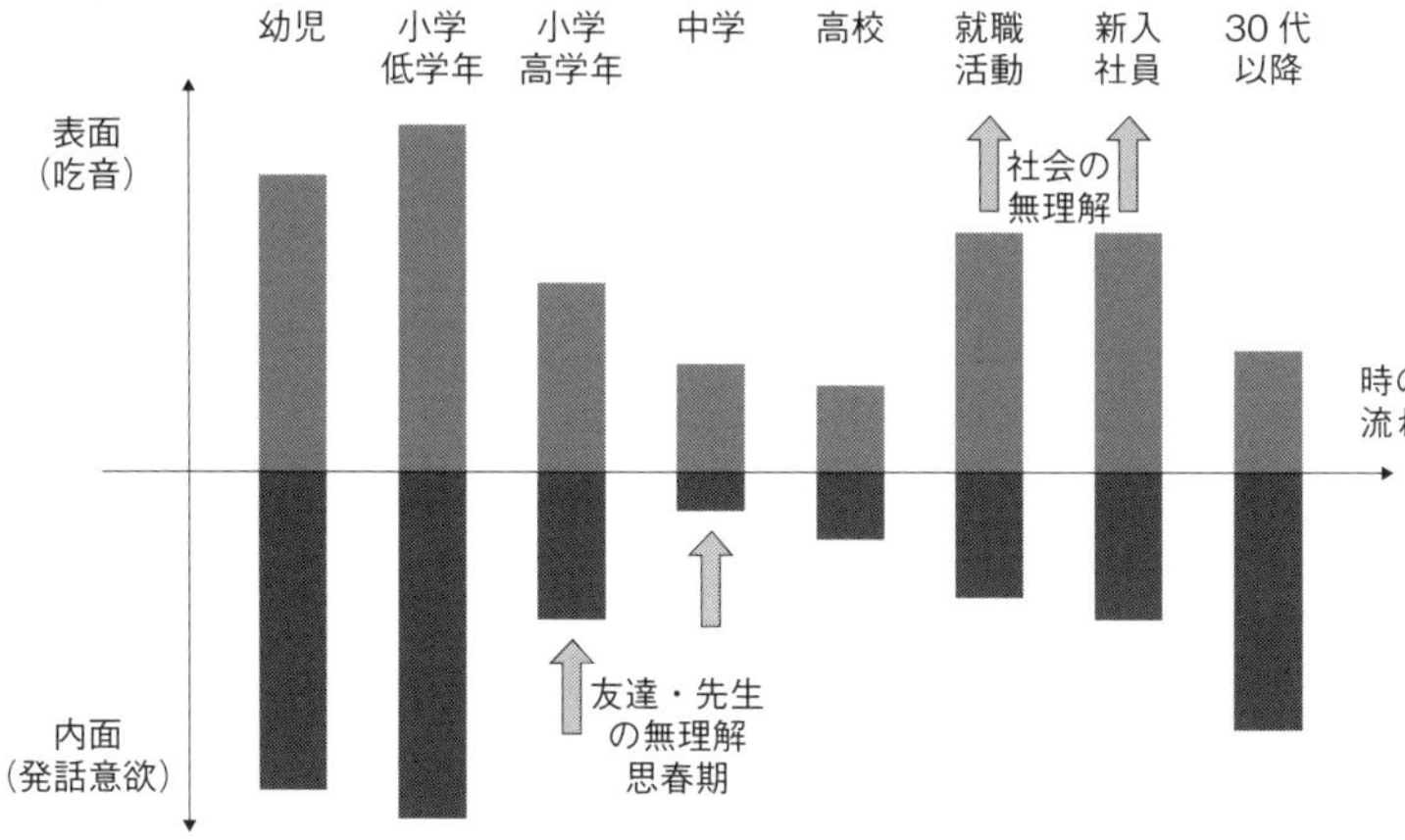

吃音の自然経過（代償行動）

	本人の考え	吃音症状	親の心配	社交不安（対人恐怖）
幼児（第1層）	苦しくない	・連発（繰り返し） ・伸発（引き伸ばし）	中	小
小学低学年（第2層）	気づく 発話意欲	・難発（ブロック） ・随伴症状が加わる ・連発・伸発もある	大	↓
小学高学年（第3層）	工夫する うまく話したい	・語の言い換え ・回避以外の症状あり ・緊張性にふるえ	↓	↓
思春期（第4層）	逃げる	・回避が加わる ・一見、どもっていない ・人前で、どもれない	小	大
就職後（第5層）	再起	・カミングアウトできる ・特定の名前、電話が苦手 ・どもった落ち込みが軽減	小	中

第3章
吃音と法律

1 吃音の定義

吃音は単なる癖や、かむこと（言い間違え）ではなく、言語障害・発達障害です。吃音は言語障害として、昭和30年代から学校の言語通級指導が始まり、平成27年現在、小学校に886校、中学校に11校、特別支援学校に1校、言語障害の通級指導教室が存在しています。平成28年のデータ（平成28年度全国難聴・言語障害学級及び通級指導教室実態調査報告書（特総研））で、言語通級指導を受けている吃音ある子は3,468人となっています。全国の小学校の児童数は6,366,785人であることから、吃音ある子は推定63,667人（人口の1％）と考えられ、言語通級指導を受けているのは、わずか5.4％しか相当しません。つまり、残りの94.6％は、普通学級の担任の先生が担当していることになります。

２００５年に発達障害者支援法が成立し、ICD-10F98.5に吃音症が含まれ、DSM-5（精神疾患の診断・統計マニュアル）では、診断基準があり、きちんとした疾患であり、障害といえるのです。

吃音が、言語障害、発達障害に相当するので、障害者差別解消法や改正障害者雇用促進法に基づいた差別の禁止と合理的配慮の提供を受ける権利があります。

2005年施行発達障害支援法に含まれる吃音

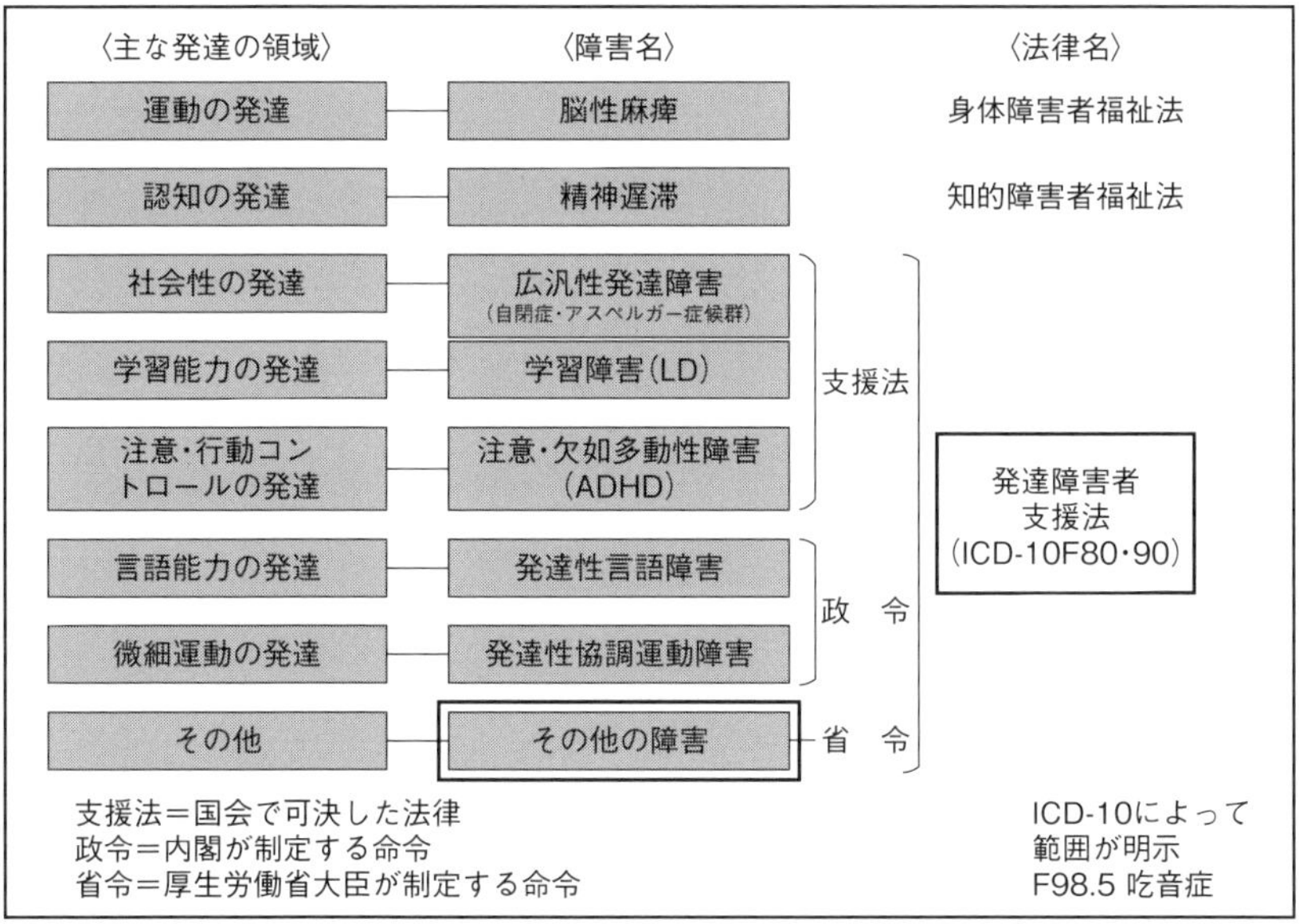

（大塚，2006改）

DSM-5 小児期発症の流暢症／流暢性障害

A）継続して年齢や言語能力に不相応な発話様式や流暢性の障害が、1つ以上の特徴を有する：

1. 音、音節の繰り返し
2. 母音だけではなく、子音の引き伸ばし
3. 語の途切れ（例：語の中での停止）
4. 可聴、または聞こえないブロック（間投詞や、無言の間）
5. 回りくどい表現（苦手な語の言い換え）
6. 力の入った発声
7. 単音節語の繰り返し

・連発
・伸発
・難発（阻止）

B）この障害は、合併症の有無にかかわらず、発話の不安や、効果的なコミュニケーション、社会参加、学業・職業上の業績の制限を生じる。

C）早期の発達段階で生じる

D）神経学的損傷（例：脳卒中、腫瘍、外傷）や他の医学的な状態に伴った発話運動、感覚欠損、非流暢性によるものではなく、他の精神疾患ではうまく説明できない。

（日本精神神経学会他，2014）

2 障害者差別解消法の歴史的背景

合理的配慮とは、障害者差別解消法、改正障害者雇用促進法に示されていることばです。これらの法律がなぜ、今になって成立し、施行されるのか、歴史的背景を簡単に説明します。

障害者の人権運動として、アメリカでは、1960年代に知的障害者の権利宣言を発表しました。その後、1975年第30回国連総会にて、障害者の権利宣言を行ないました。

1981年は国際障害者年とも言われ、障害者は完全参加と平等を訴えました。障害者権利について、当事者も含めた話し合いとなり、2006年に「障害者権利条約」が採択され、各国が批准（条約を国として守る）する動きがありました。しかし、日本は国内法の整備後に、この「障害者権利条約」には、2014年（世界で140番目）に批准しました。

国と国で決めたことに従い、日本では文部科学省、厚生労働省だけではなく、全ての省庁で「障害者差別の禁止」を考えることとなりました。

「障害者差別解消法」の歴史的背景

1960年代	知的障害者の権利宣言（アメリカ）	国外の人権運動の高まり
1971年	知的障害者の権利宣言（26回国連総会）	
1975年	障害者の権利宣言（30回国連総会）	
1981年	国際障害者年：完全参加と平等 国連障害者の10年（37回国連総会）	
1993年	障害者の機会均等化に関する標準規則	
2001年	「障害者の権利及び尊厳を保護・促進するための包括的・総合的な国際条約」決議案（56回国連総会）	
2006年	「障害者権利条約」が採択（61回国連総会）	
2014年	「障害者権利条約」を批准（日本政府）	国内の人権活動の整備
2016年４月１日	「障害者差別解消法」施行	
2016年４月１日	「改正障害者雇用促進法」施行	

障害者権利条約の主な内容

・平等、差別しないこと、合理的配慮

　・第５条　国が障害に基づくあらゆる差別を禁止し、「合理的配慮」がされるよう手続きを取ることも決めている。

・障害者が積極的にかかわること

　・第４条　障害者に関わることを決めるときなどに、相談することも決めている。

・教育

　・第24条　教育についての障害者の権利を決めている。国が、障害者があらゆる段階の教育を受けられるようにすべきことを決めている。また、教育を受けるとき、それぞれの障害者にとって必要な「合理的配慮」がされることを決めている。

・雇用

　・第27条　障害者が働く権利を障害のない人と平等に持つことを決めています。どんな形の働き方でも、障害に基づくあらゆる差別を禁止するように決めている。また、障害者が職場で「合理的配慮」を得られるように、国が必要な手続きをとるように決めている。

・目的

　・第１条　この条約は、全ての障害者によるあらゆる人権及び基本的自由の完全かつ平等な享有を促進し、保護し、及び確保すること並びに障害者の固有の尊厳の尊重を促進することを目的とする。

外務省「障害者権利条約」パンフレット（2018）より転載

3　絶対的欠格条項の廃止の歴史

絶対的欠格条項ということばをご存知でしょうか？　１８９６年民法十一条「準禁治産の宣告」、耳の聞こえない者、しゃべれない者、目の見えない者は、法律行為をひとりでは行なえないため、就ける仕事を制限する、というものです。この「しゃべれない者」は、吃音のある人も当てはまるのではないか、と思った方もいるでしょう。

その欠格条項を廃止しようとする活動が１９９３年から始まっていました。言語や聴覚を専門とする言語聴覚士の誕生のきっかけとなった１９９７年の「言語聴覚士法」でも、絶対的欠格条項が載っていました。１９９８年に先天性難聴の早瀬久美氏が薬剤師の国家試験を合格したにもかかわらず、欠格条項に該当するため、薬剤師免許を取得できませんでした。そのため、欠格条項撤廃を求める２２０万人の署名が集まり、国会議員も協力し、２００１年に絶対的欠格条項は廃止されました。その後、早瀬氏は薬剤師の免許を取得することができました。

障害者差別解消法の法律も施行され、国家試験では、障害がある、ハンディがある人を排除する方針から、配慮する方針となっています。

こういった法的な配慮ができる情報を、本人や周りの人が知ることから

「どもっていてもいいんだよ」

ということばが本当に吃音のある子に届いていくのではないかと思います。

絶対的欠格条項の廃止の歴史

- ・1896年　民法十一条「準禁治産の宣告」
  「聾者・唖者・盲者」は、判断能力が不十分なため、法律行為をひとりでは行えない→欠格条項の始まり
- ・1981年　国際障害者年：障害者の「完全参加と平等」
- ・1990年　アメリカ人法（ADA）　→障害者が高等教育を受ける権利
- ・1993年　日本政府が障害者の欠格条項の見直しを検討始める
- ・1997年　「言語聴覚士法」に欠格条項が盛り込まれた
  第４条　目が見えない者、耳がきこえない者又は口がきけない者には、免許を与えない
- ・1998年　先天性難聴の早瀬久美氏は、薬剤師の国家試験に合格したにもかかわらず、欠格条項に該当するため、薬剤師免許が交付されなかった。
  220万人の欠格条項撤廃を求める署名が集まり、国会議員も撤廃に賛同
- ・2001年　障害を特定する絶対的欠格事由は廃止→早瀬氏は薬剤師免許を交付された
- ・2006年　「障害者権利条約」が採択（61回国連総会）
- ・2014年　「障害者権利条約」を批准（政府・外務省）
- ・2016年４月１日「障害者差別解消法」施行

ハンディがある人に配慮する時代となった国家資格

・厚生労働省のホームページ＞資格・試験情報

- ・７受験に伴う配慮
- ・視覚、聴覚、音声機能又は言語機能に障害を有する者で受験を希望するものは、指定の期日までにXXXX国家試験運営本部事務所に、「国家試験の受験に伴う配慮事項申請書」を用いて、申し出ること。申し出た者については、受験の際にその障害の状態に応じて必要な配慮を講ずることがある。

4　これまでの配慮と合理的配慮の違い

学校現場や就労においての合理的配慮は、「双方の建設的対話による相互理解」がキーワードになります。これまでの配慮は、一方的な先生側の配慮が多い状況でした。例えば、本人は劇で主役をしたい気持ちがあったにもかかわらず、「本番に吃音がたくさん出て笑われたら、子どもが傷つくかもしれない」、「吃音を意識させない方がいい」という先生の誤った配慮によって、自分だけセリフのない役を与えられてしまうことです。「本当は主役をしたかったのに、ショックだった」と逆に落ち込んだ経験をした話を聞くことがあります

また、頻回に発表させることで、吃音改善を目指した先生が、結局は本人に苦痛を与えるだけで、「治すのは無理だった」という結末の話もあります。

吃音のある生徒が、吃音のために「高校・大学の面接は無理だ」と諦めるケースもあります。ただ、2016年に施行された障害者差別解消法により、吃音のある児童生徒やその親による吃音の申し出があった場合「双方の建設的対話による相互理解」による合理的配慮が提供されることになります。支援者は、幼児であっても、小学生であっても、「どういう配慮がいいの?」と尋ねることが大切となります。具体的な選択肢をつけることによって、さらに丁寧な配慮となるでしょう。

これまでの配慮・対応・本人の気持ち

・吃音児の気持ちを聞かず、先生や友達は推測上の配慮がなされる。
・（あなただけ）特別扱いはできない、と断られることもある。
・吃音児が「面接でことばがつまると、減点されるのではないか」と不安になる。

障害者差別解消法後の合理的配慮

・配慮を行なう場合は、吃音児・保護者と先生との双方の建設的対話に基づく。
・申し出ることにより、合理的配慮を受けられる（国・地方公共団体（公立学校を含む）では提供義務）。
・学校などで合理的配慮が受けられると、吃音児が発話に対する不安から、「つまってもいいんだ」という気持ちの変化が得られることがある。

5　大学での合理的配慮例

G君は吃音のある高校3年生です。推薦入試でA大学を受験しようと考えていますが、面接試験で入室の際の挨拶や、自己紹介、グループ面接でうまくことばが出るのかどうか心配でした。そのため著者が作成した「吃音のある学生が在籍する大学などの教職員の皆さまへ」（123ページ参照）のプリントを書類の中に同封して申し込みました。

すると、大学から1枚の手紙が届き、左図のような回答を得ることができました。母親からのメールもありました。

「申請が受け入れられたことはもちろんですが、理解してくださっていること、さらに本人の立場にたって最善の配慮をしようとしてくださっていることに感動しています。おかげで息子も安心して受験することができるようで、勉強にも力が入っています。『大学に入ったら、すぐに吃音があることをみんなに知らせるんだ！』と言っています。理解してもらえることが子どもをこんなに変えるんだということを実感しました」

吃音のある人の合理的配慮は、ソフト面（教員側の対応）が主なので、コストはほとんどかかりません。合理的配慮を実践する大学が増えることを期待したいです。

A 大学推薦入試における吃音への配慮事項

受験上の配慮

・担当の面接委員全員に吃音のある受験生がいるので配慮が必要であること、受験生の吃音の程度など事前に明確に伝えておきます。

・約６名の集団面接となっているので、発言の順番を最後にします。

・受験生の発言は時間的余裕をもって聞くように面接委員に指導します。とくに口頭試問では、受験生の対応を急かさず、発言の途中で面接委員がことばをはさまないように指導します。

・試験室に入室、退室する際の挨拶などを問題とせず、寛容な態度でのぞむことを面接委員に指導します。

以上のほかに、小論文試験においても、試験監督にも配慮が必要な受験生がいること及び、時間的余裕と寛容な態度で受け答えすることを、伝えておきます。

A 大学の修学上の配慮事項

修学上の配慮

・本学では、「A 大学における障がいを理由とする差別の解消の推進に関する職員等対応要領」および「A 大学における障害のある学生の修学支援に関する要項」を定め、障がいのある学生が修学等における不利益を受けないように取り組んでいます。

・貴殿から本学入学試験に際し、事前相談がありました修学上の配慮希望については、支援策の配慮を行います。

第4章

幼児

1　180度変わった吃音の原因論

ネットで吃音を調べると、多彩な原因論が解説されています。そのうちのいくつかは、専門家の誤った原因論であり、今でもその原因論を信じている人が多くいます。

例えば、約80年前の日本では、「真似」「伝染病」が原因であるとも言われていたようです（「ドモリは伝染病　年々増加・特に男子に多い　早期矯正が大切です」1940年12月27日朝日新聞朝刊）。そのため、「吃音のある子と一緒には遊んでいけない。うつってしまうから」と吃音のある子が差別されていた時代がありました。

また、約50年前の日本では、吃音の原因として、家庭環境などの心理面が影響されているという話が追加されています。「おかあさんの努力や適切な治療により、完全になおすことができるのです」（吃音はなおせる　遺伝や体質ではない　母親が練習の手本を　1966年2月9日読売新聞朝刊）と、吃音のある母親が差別される時代でした。吃音のある子の母親は、罪悪感をもちながら、なんとかして治したい、と願う時代でした。さらにこの期間に「左利き矯正説」「診断起因説」というアメリカで広まった考えが日本でも受け入れられ、家庭環境に吃音の原因がある、という考えが主流になってきました。過去の原因論につきましては、『エビデンスに基づいた吃音支援入門』（学苑社）で解説していますのでご覧ください。

1990年代の研究から、吃音は環境が原因ではなく、体質からの発症が多いことを示す研究が、

吃音の原因の変遷

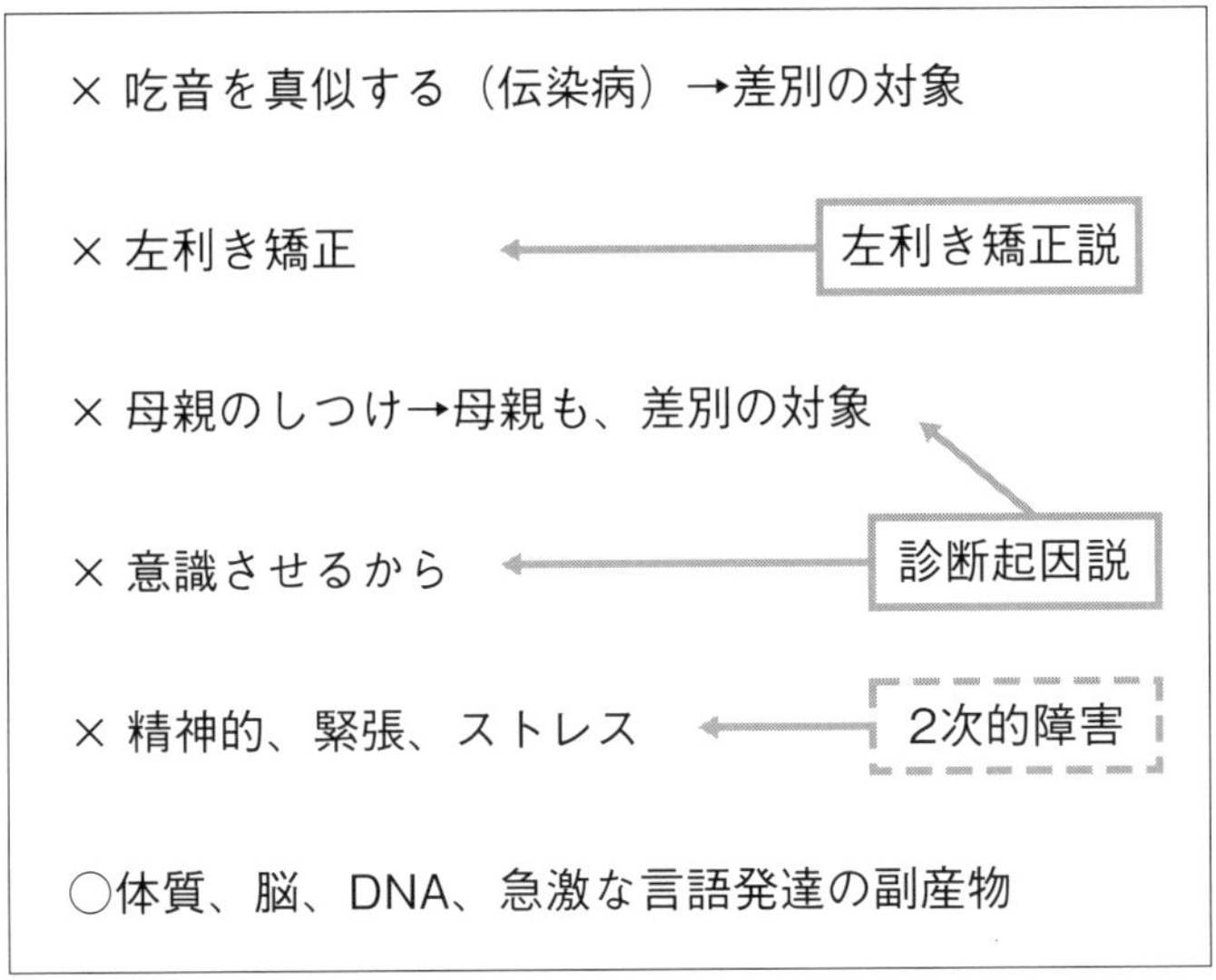

多く発表されています。

世界の吃音専門家は、「吃音は、なりやすい体質の子に始まり、遺伝子（ＤＮＡ）から作られる脳の形態および機能異常から始まる」という考え方が広まっています。

また、２０１３年の疫学調査では、吃音は急激な言語発達の副産物とも言われています。

つまり、「吃音になったのは、誰のせいでもありません」と説明するだけで、相談に来た母親は安心するのです。

また、母親に大きな影響を与える祖母も新しい知識をもっていることが肝要だと考えます。母親が不要な罪悪感をもたずに、吃音のある子に対して、冷静に子育てができることが、子どもも本人にとっても、良いことです。

2 最初の相談窓口は保育園・幼稚園の先生

日本では3歳児健診が終わると、就学前健診まで、健診が行なわれない地区がほとんどだと思います。しかし、吃音の4割は、3歳児健診以降に始まるので、対応が遅れがちになってしまいます。この3〜6歳で最も身近に相談しやすい、幼稚園や保育園の先生には、吃音の新しい知識を知ることが必要になってきます。

「パパ」「ママ」という単語が話せるようになる1歳台に、吃音が始まる人はほとんどいないことが図からわかります。「あっち　いった」という2語文を話し始めるときも発症率は低く、「パパ　かいしゃ　いった」など、3語文を話せるようになったころから吃音が目立ってきます。

成長するにつれ、長い文章をつなげて流暢に話すことが必要となってきますが、それができずに〝流暢性の崩壊〟として、吃音が始まると言われています。吃音の発症の4割は急に（1〜3日）始まると言われ、「どうして急にどもりはじめたのだろう」と思う母親が多いようです。

今の時代、母親はまずインターネットで吃音についての情報を調べます。その中で、「ちょうど2人目の子が産まれたころに吃音が始まりました。たぶん、寂しかったのでしょう。一杯愛情を与えたら、そのうち消えてしまいました」などの書き込みを見て、「私（母親）が悪かったのではないか?」とショックとともに罪悪感をもつことがあります。

しかし、園の先生から、

吃音の発症と月齢

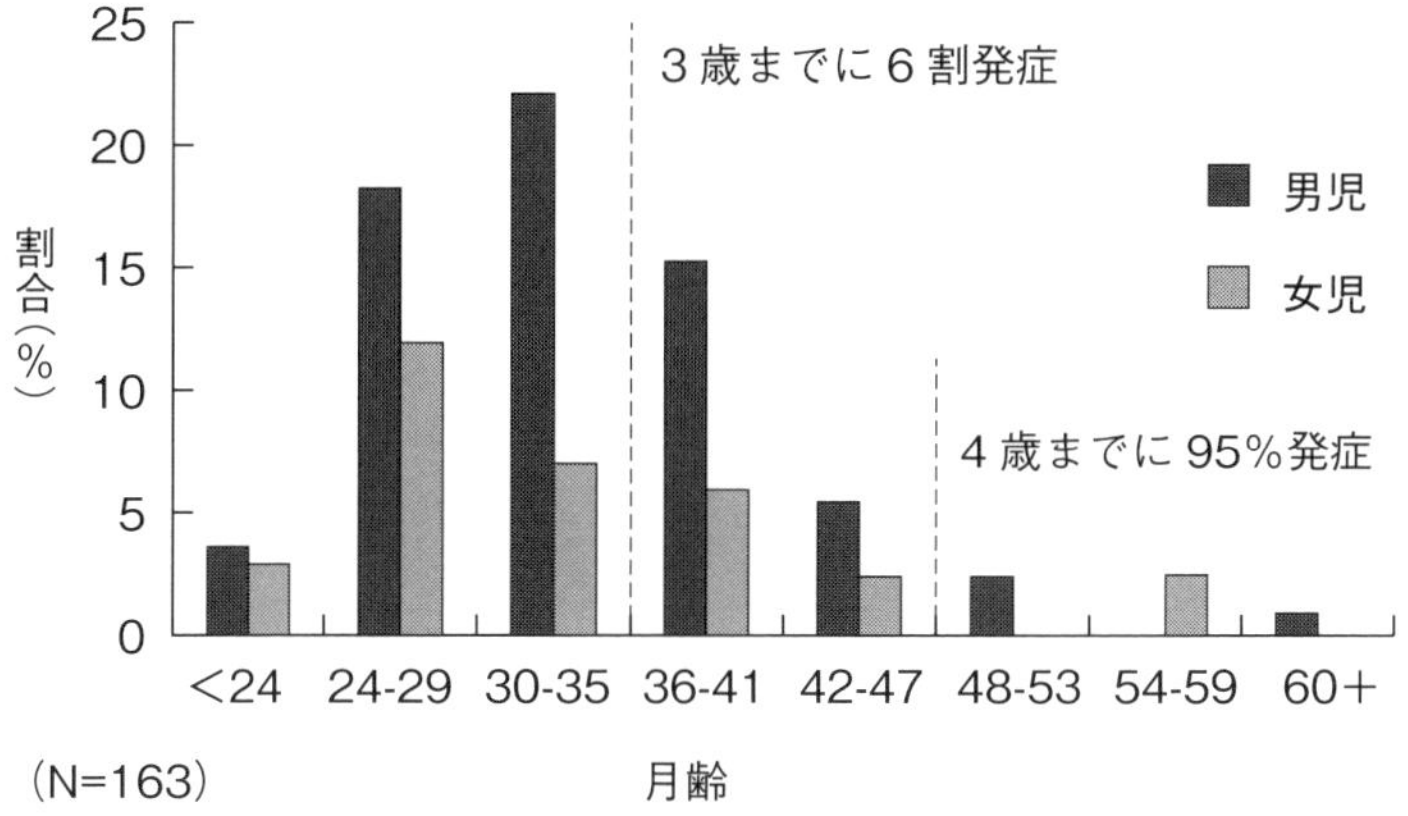

（Yairi and Ambrose, 2005）

「ママは悪くないですよ。吃音は2～5歳で急に始まることが多く、ちょうど下の子が産まれる時期に始まるものです。自分を責めなくていいですよ。ネットに書いてあることは、古い情報も多いのです」

と、母親は悪くないことを伝えられることによって、子どもの吃音に冷静に向き合えるようになってくるのです。

なぜ、下の子が産まれたことによる愛情不足が原因ではないのでしょうか。私が診察時に話をする例を紹介します。一人っ子政策をしていた中国人は、皆一人っ子であるにもかかわらず、吃音のある子が少ないという報告がないからです。実際、私に相談に来る子も、長男、長女ではなく、下の子だったり、一人っ子だったりします。

3「吃音は治るのか？」と聞かれたら……

吃音の相談を持ち掛けられたときに、知っておくと良い知識があります。

図は20年前のデータですが、発症後3年で男児は62％治り、女児は79％治ったことを示しています。2〜5歳で始まった吃音は、小学校に入学しても、男児の約4割、女児の約2割は吃音がある状態です。

「そのうち治るよ」と言いたい気持ちがあるとは思いますが、「吃音は治る子も多いけど、続く場合もあります。園では他の子にからかわれないようにみておきますね。吃音に関する本もありますので、ぜひ読んでみてください」と伝えてください。

吃音は調子の波があり、完全に治ったと思っても、また出てくるものです。1年で吃音が治る割合は、6％とも言われています。

「吃音は急に始まって、ゆっくり治る」という理解が良いかもしれません。

男児より女児が治る率が高いと言われていますが、これは言語発達の差かもしれません。また、親や祖父母、親戚に吃音があると治りにくいと言われていますが、100％治らない訳ではありません。

吃音の本質は、タイミング障害であるといえるでしょう。誰かと一緒に声を合わせて歌ったり、外からタイミングを補助したりすると、流暢に話せますが、これは一時的なものです。

発吃後３年以内の自然回復率

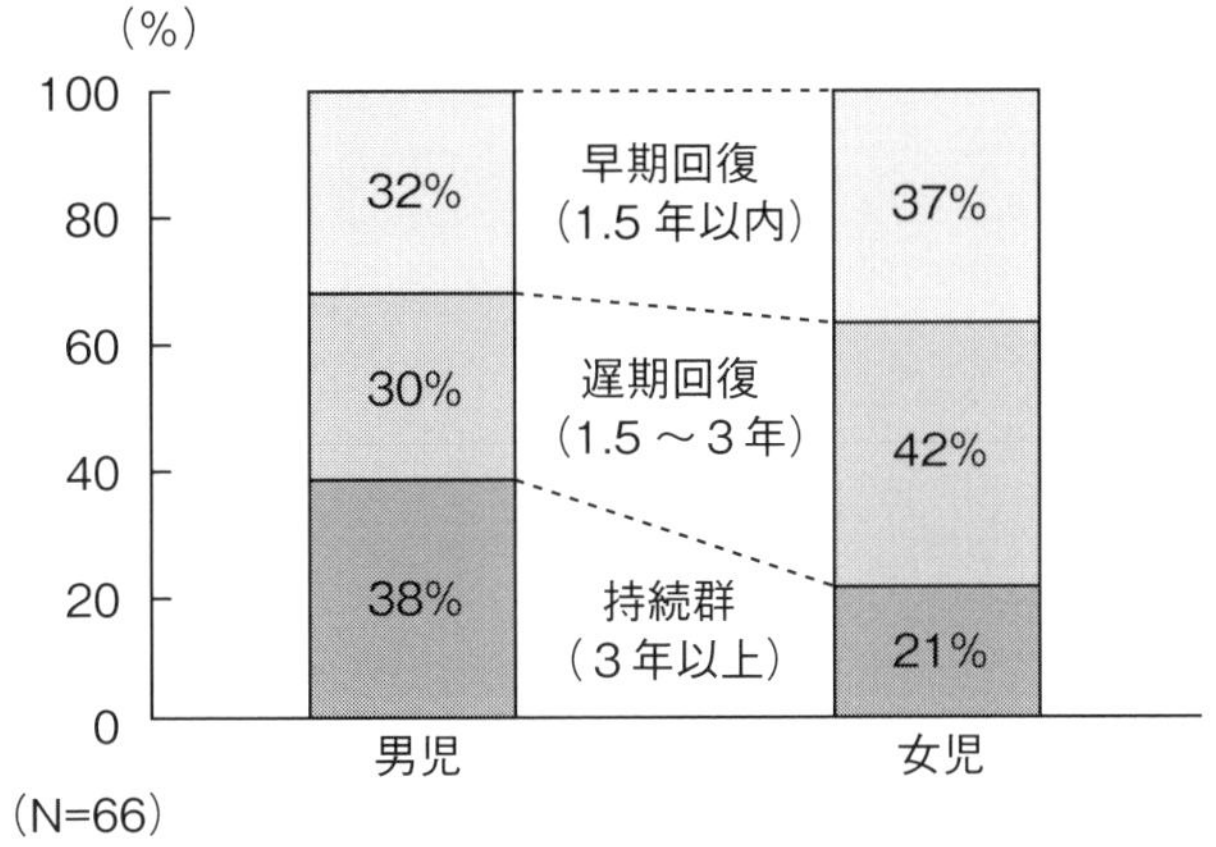

（Ambrose *et al.*, 1997）

本人がタイミングを合わせられるようになってくると、表面上は吃音が軽減します。小学高学年くらいになると、タイミングを合わせるのがうまくなったり、どもりそうなことばを他のことばに言い換えたり、語順を変えたり、いろいろな工夫ができるようになるからです。

吃音をどうにかして治したいと願う親は、「『せーの』で言ってみよう」「深呼吸してみよう」「言えないことばの前に、はーっと息をしてから言うんだよ」とさまざまな提案を子どもにしますが、なかなかうまくいかないものです。

幼児・小学校低学年は話したい気持ちが強いので、家では好きなようにどもりながらおしゃべりをさせてあげることが良いでしょう。

4　他園児の過剰反応への必要な対応

上図は、80名の3歳から6歳までの幼児が、音節の繰り返し（例：ス・ス・スイカ）に気づいた割合を示したものです。3歳で15％、4歳で30％と年少まで少ない割合ですが、5歳では80％、6歳では100％気づいてしまいます。つまり、年少のころまでは園で吃音の指摘や真似は少ないのですが、年中から年長にかけて、周りが吃音に気づいてしまうようです。5歳になると、急激に認知機能が成長するからでしょう。

よく遊ぶ友達から吃音をからかわれることも多くなります。友達で親近感があるために、真似してしまうのでしょう。この段階では、単に「真似しないでね。わざとじゃないよ」と伝えるだけでも十分です。

一番悪いことは、吃音を真似されたり、笑われたりすることで本人が嫌な思いをしているにもかかわらず、守ってあげられないことです。そのため、その友達との関係が悪化したり、本人が友達の前で話すことをためらったりすることにもつながります。子ども同士で、吃音の説明や理解をすることは難しいので、吃音のある園児が「わざとじゃないよ」と言い返しても、「いや、わざとだ」と言われてしまうことはよくあります。

そのため、先生の協力が大切となります。必要があれば、下図を参考に話をしてみてください。

他人の「音節の繰り返し」に気づく割合

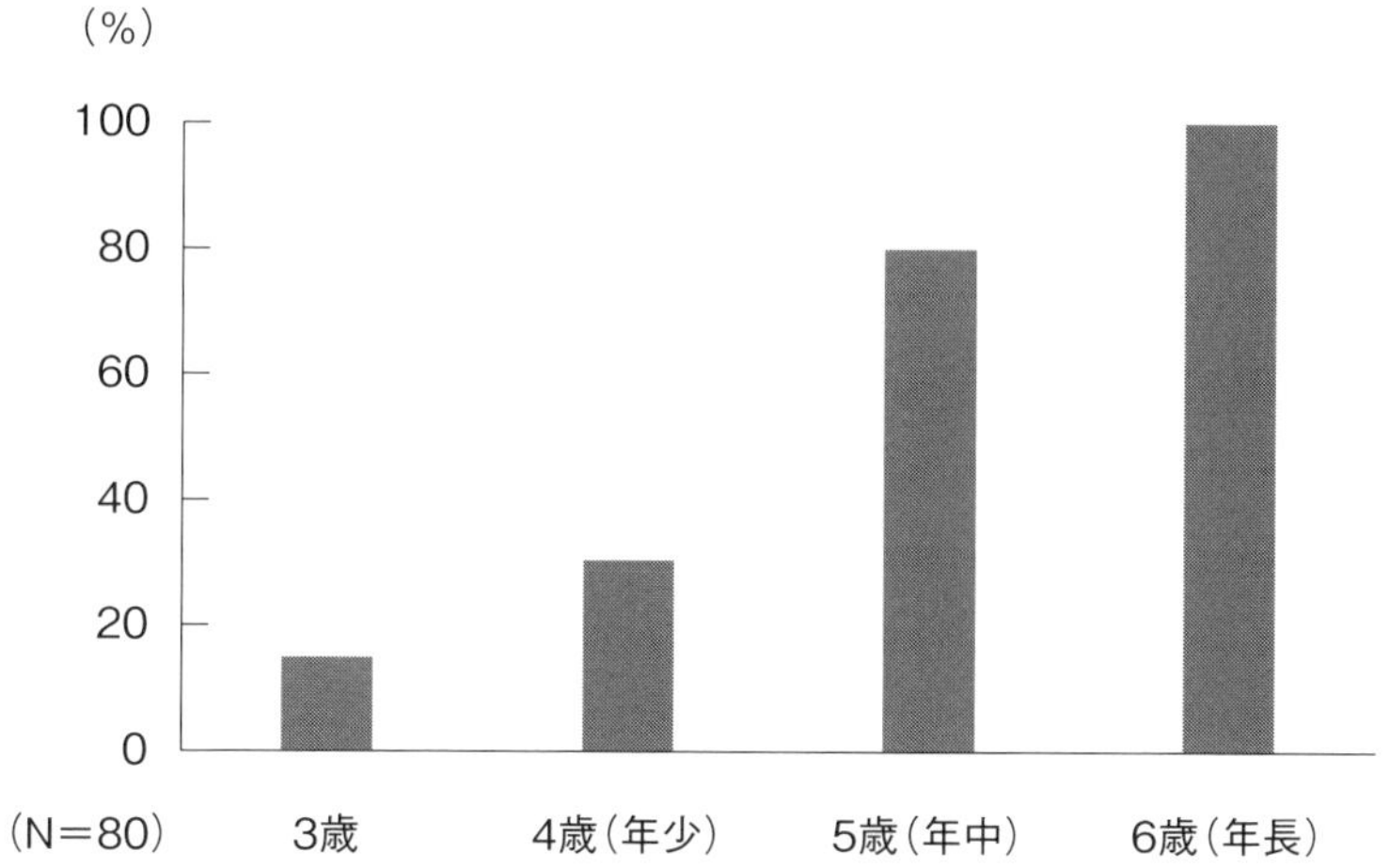

（伊藤，1995）

吃音の説明ロールプレイ

先生「○○くんは、ことばを繰り返したり、
　　　つまったりすることがあるけど、それを
　　　真似したり、からかわないように。
　　　もし真似する人がいたら、先生まで教えてね」
幼児「なんで真似してはいけないのですか？」
先生「わざとしているわけではないから」
幼児「うん」とうなづく（先生はほめる）

5 劇・発表会での配慮

普段の園での活動とは違い、劇、発表会は他年齢の園児や、保護者がいる場面となります。新しい聞き手がいる場なので、笑われる可能性もありますし、緊張する場でもあります。そのため、本人に嫌な記憶が残る可能性があります。

吃音に対する周囲の笑いや真似の注意は、すぐにできるとは思いますが、吃音のある園児に配慮を行なうときは、本人と保護者と相談して決めることが望ましいです。

配慮の1番目としては、普通にセリフを振り分けて、どもっても最後まで言うのを待ち、その行為をほめることだけでも十分に良い配慮となるでしょう。配慮の2番目としては、本人が言いやすいセリフを選んでもらうことです。吃音は一人ひとりどもりやすいことば、どもりにくいことばが異なります。本人に選ばせて、言いやすいセリフを割り当てることも良い配慮といえます。

配慮の3番目では、吃音は2人で声を合わせるとどもらない特徴があります。厳密に言うと、吃音のある子が、もう一人の子のタイミングに合わせて言うとどもらなくなります。2人が難しいときは、3人でもいいでしょう。配慮の4番目は、歌を歌う役になることもいいと思います。伴奏がなくアカペラでは難しいかもしれませんが、歌ならば流暢に言えます。他のタイミングに合わせると流暢に話せる特性があります。

劇・発表会での配慮の一例

他園児	笑い or 真似、を注意する
吃音のある園児	①待つ＋ほめる ②本人が言いやすいセリフ ③２人、３人で一緒のセリフ ④歌を歌う役

文章朗読の適応効果

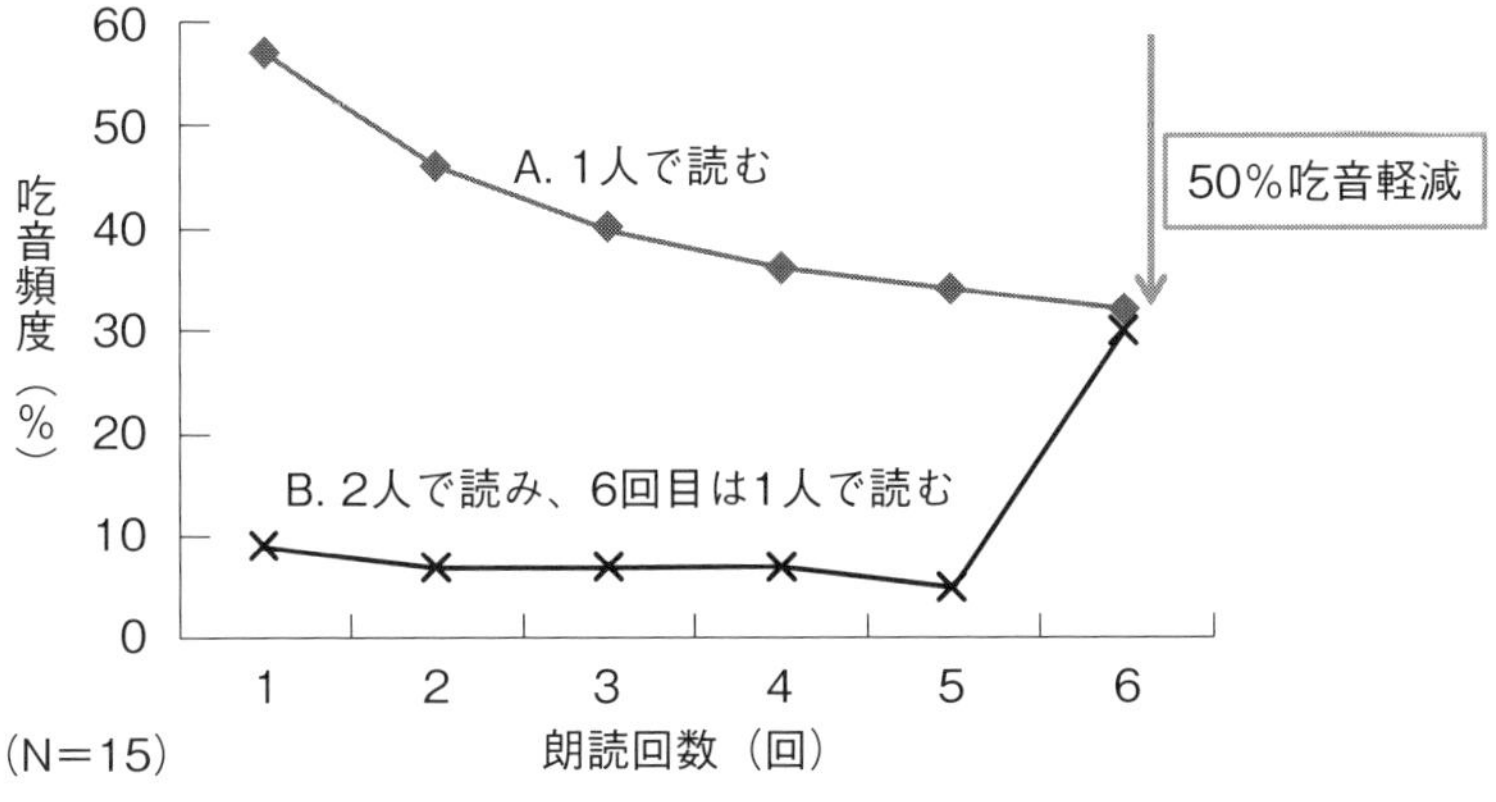

（Frank and Bloodstein, 1971）

特殊な言語療法を使わなくても、
1人読み、反復練習で、吃音は軽減する

第5章
小学校

1 社会モデルとして吃音を考える

なぜ、障害者差別解消法などの新しい法律が生まれるようになったのでしょうか？障害の考え方が時代とともに、医学モデルから社会モデルに変化したことが背景にあるからでしょう。医学モデルでは、障害は個人の課題であり、障害者として支援・配慮を受けるために、手帳取得が必要となります。しかし、社会モデルが提唱され、「障害は社会の障壁によって作り出される」という考え方が広まり、社会的障壁の除去が障害のある人の支援や配慮に必要であると考えるようになってきました。

学校現場では、教育基本法の他に、障害者差別解消法に基づいて、個々に必要な合理的配慮を行なうことが法的義務となっています。具体的には、中央教育審議会初等中等教育分科会が報告している2012年「共生社会の形成に向けたインクルーシブ教育システム構築のための特別支援教育の推進（報告）」に記載してあることに基づいています。

もちろん吃音のある子どもが、平等に「教育を受ける権利」を保障しなければならないことが法的義務となっています。例えば、吃音のある子どもが、クラスの人たちに笑われてしまうから、発表したくないと思うこと自体、平等に教育を受けられていないことと考えられます。

学校現場の合理的配慮＝基礎的環境整備＋個々の障害に合わせた合理的配慮（3観点11項目）といえるでしょう。まず、基礎的環境整備から解説していきます。

医学モデルと社会モデルの障害の考え方の違い

	医学モデル	社会モデル
誰の課題？	障害は、個人の身体・知的・精神の機能の障害 ↓ 障害は個人の課題	障害は、社会のバリアにより、生活に制限を受ける状態 ↓ 障害は社会の課題
吃音の場合	吃音は個人の課題 克服？	吃音は社会の課題 理解・啓発
障害者としての支援・配慮	身体障害者福祉法 （手帳がないと対象とならない）	障害者差別解消法 改正障害者雇用促進法 改正発達障害者支援法 （手帳がなくても対象）

学校現場での合理的配慮の根拠となる法律等

障害者権利条約
（第24条　教育）
個人に必要な合理的配慮

障害者基本法
（第4条　差別の禁止）
社会的障壁の除去を必要としている障害者が現に存し、その実施について必要かつ合理的配慮がされなければならない。

障害者差別解消法
（第7条　行政機関等における障害を理由とする差別の禁止）
障害者から現に社会的障壁の除去を必要としている旨の意思の表明があった場合において（中略）社会的障壁の除去の実施について必要かつ合理的な配慮をしなければならない。

	不当な差別的扱いの禁止	合理的配慮
国・国立大学・地方公共団体	義務 （第7条1項）	義務 （第7条2項）
学校法人	義務 （第8条1項）	努力義務 （第8条2項）

→

学校現場

教育基本法
（第4条　教育の機会均等）
従前から行ってきた配慮
情報の保障、環境等の配慮、心理面の配慮、教育指導における配慮　等

個別に必要な合理的配慮

中央教育審議会初等中等教育分科会

「共生社会の形成に向けたインクルーシブ教育システム構築のための特別支援教育の推進（報告）」

障害のある子供が、他の子供と平等に「教育を受ける権利」を享受・行使することを確保するために、学校の設置者及び学校が必要なかつ適当な変更・調整を行うこと。
○3観点11項目
○個別の教育支援計画に明記するのが望ましい。
○観点を踏まえて可能な限り合意形成を図る。

2 吃音の基礎的環境整備について

一人ひとりの合理的配慮の基礎となる環境整備として、基礎的環境整備があります。

基礎1で、「ネットワークの形成」とありますが、学校、本人、保護者の3者もしくは専門機関とも交えたネットワークを形成することが必要となっています。「吃音にはふれない、意識させない方が良い」という考えは180度方向転換しました。先生や保護者だけではなく本人も含め、吃音の合理的配慮をオープンに話し合う必要があるでしょう。

基礎2では、「専門性のある指導体制の確保」とありますが、本書のような吃音の書籍から専門知識を得ることが環境整備となるでしょう。必要があれば、ことばの教室の教諭、または言語聴覚士会、医師などに相談しましょう。

基礎3では、「個別の教育支援計画や個別の指導計画の作成などによる指導」とありますが、現状では普通学級の吃音のある児童には作られていないかもしれません。しかし、保護者から子どもの吃音を伝えることは必須であり、事前に伝えておかなければ、子どもに必要な環境整備や合理的配慮が後手に回ることになります。高校3年生までは、新しい担任の先生へ子どもの吃音のことを伝えるように私は保護者に勧めています。

基礎7の「個に応じた指導」として、発話意欲を育てることを第一として、話し方のアドバイスはしない（「ゆっくり」「落ち着いて」「深呼吸して」など）、話すのに時間がかかっても待つなどが挙げ

基礎的環境整備の例

基礎１．ネットワークの形成・連続性のある多様な学びの場の活用
→先生、本人、保護者の３者で吃音の合理的配慮をオープンに話し合う。
基礎２．専門性のある指導体制の確保
→吃音の書籍にて、専門知識を得る。
必要があれば、ことばの教室の教諭、または言語聴覚士会、医師に相談。
基礎３．個別の教育支援計画や個別の指導計画の作成等による指導
→保護者から、吃音があることを伝えてもらう。必要ならば、引き継ぎシートを作成する。
基礎４．教材の確保　→特になし
基礎５．施設・設備の整備　→特になし
基礎６．専門性のある教員・支援員等の人的配置　→特になし
基礎７．個に応じた指導や学びの場の設定等による指導
→話し方のアドバイスはしない（ゆっくり、落ち着いて、深呼吸して等）
話すのに時間かかっても待ちます（話したい意欲を育てるため）。
基礎８．交流及び共同学習の推進
→からかい・いじめの予防を行う（発話意欲の減退の防止）。

られます。また学校内において先生は、吃音のある児童が安心して話せる時間を確保できると良いでしょう。話し方のアドバイスは少なくし、話した内容について評価したり、ほめたりしましょう。

吃音のある子どもの多くは、普通学級に在籍しているでしょう。そのため基礎８の「交流及び共同学習の推進」は、関連が少ないかもしれません。ただ、吃音のある児童は60％の確率でからかい・いじめを受けます。吃音が出たときに、真似、指摘、笑いが起き、吃音のある児童が言い返せなかったり、何回もからかい・いじめを受けたりすると、発話意欲は減退してしまいます。そのための防止が環境整備に必要でしょう。

3　学校における吃音の合理的配慮（3観点11項目）

中央教育審議会初等中等教育分科会で記されている、3観点11項目に従って学校は合理的配慮は行なわれることとなっています。

教育内容・方法、支援体制、施設・設備の3観点ですが、吃音の場合は、施設・設備などのハード面での金銭的負担はほとんどないと思われます。

教育内容において、「①—1—1学習上又は生活上の困難を改善・克服するための配慮」とは、児童が吃音によって生じるであろう障壁を最小限にすることといえるでしょう。そのためには、話すことに自信をもち、積極的に学習などに取り組むことや、自分の吃音を他人に説明できるようになるための自己理解の指導が必要となるでしょう。

「①—1—2　学習内容の変更・調整」については、図の参考資料に記載している音読、健康観察、自己紹介、発表、号令、かけ算の九九、日直、学習発表会・劇、二分の一成人式、卒業式などの場面の変更や調整を行なうことに当たるでしょう。

この合理的配慮において、「①—2—3　心理面・健康面の配慮」の項目は、吃音のある児童の理解には大切といえます。「自分だけがどもっている」と思っている吃音のある児童は、100人に1人の割合でいます。吃音のある児童生徒などが集まる機会の情報提供をしたり、吃音であっても友達から認められる機会が増えたりすることが心理面には必要です。

学校における吃音の合理的配慮（３観点11項目）

個別の教育支援計画を作成する参考資料。

支障（バリアー）となる場面　□音読　□健康観察　□自己紹介　□発表　□号令　□かけ算の九九
□日直（司会、スピーチ）　□学習発表会・劇　□二分の一成人式　□卒業式　□（　　　　　　）

①教育内容・方法	①－１　教育内容		
		①－１－１　学習上又は生活上の困難を改善・克服するための配慮	話すことに自信をもち積極的に学習などに取り組むことができるようにするための発表の指導を行なう（一斉指導または、個別指導による音読、九九の発音などの指導）。自分の吃音を他人に説明できるよう自己理解の指導を行なう（真似、指摘、笑い）。
		①－１－２　学習内容の変更・調整	流暢に話せないことを考慮した学習内容の変更・調整を行なう。教科書の音読の評価方法の変更（句読点を意識など）、かけ算の九九の制限時間の変更（書くことによる代替等）、二分の一成人式や、卒業式での点呼（「はい」と答える）や発表での時間的余裕の確保などの個別的な指導。学習発表会でのセリフの時間的余裕の確保や、集団での声を合わせるなどの教育指導。
	①－２　教育方法		
		①－２－１　情報・コミュニケーション及び教材の配慮	特になし
		①－２－２　学習機会や体験の確保	吃音があることによる自信の喪失を軽減するために、発表、音読、九九などでの発話時に、発話行為に対してほめることにより、成功体験を経験する。また、学習発表会、二分の一成人式、卒業式なども吃音のある児童生徒と話し合う。
		①－２－３　心理面・健康面の配慮	吃音のある児童生徒などが集まる交流の機会の情報提供を行なう。成功体験を増やし、友達から認められる機会の増加に努める（良い面を認め合えるような受容的な学級の雰囲気作りなど）。
②支援体制	②－１　専門性のある指導体制の整備		ことばの教室の通級による指導の専門性を積極的に活用する。また、言語聴覚士（ST）などとの連携による指導の充実を図る。
	②－２　幼児児童生徒、教職員、保護者、地域の理解啓発を図るための配慮		吃音の理解、本人の心情理解などについて、周囲の児童生徒、教職員、保護者への理解啓発に努める。希望があれば、学校でのカミングアウトの機会を設ける。担任が交代する場合は、吃音の配慮を申し送る（移行支援）。
	②－３　災害時等の支援体制の整備		災害時に、自分の名前を言えない場合があるために、自己紹介カードの作製や、安否を伝える方法などを取り入れた避難訓練を行なう。
③施設・設備	③－１　校内環境のバリアフリー化 ③－２　発達、障害の状態及び特性等に応じた指導ができる施設・設備の配慮 ③－３　災害時等への対応に必要な施設・設備の配慮		特になし

（参考資料）中央教育審議会初等中等教育分科会『共生社会の形成に向けたインクルーシブ教育システム構築のための特別支援教育の推進（報告）』

（文責：九州大学病院　耳鼻咽喉・頭頸部外科　菊池良和）

4 小学校生活で気を付ける行事・場面

吃音のある児童がクラスにいると、どんな困る場面があるでしょうか？

左図に示していますが、各学年共通項目としては、健康観察、音読、日直（号令）、劇（学習発表会）、自己紹介、からかい（真似、指摘、笑い）、引っ越し、クラス替えなどが挙げられます。

普段の会話であまり吃音が目立たなくても、クラス替えによる最初の自己紹介でどもってしまい、クラスの子たちに笑われることがあります。

学年特有の行事として、1年生は入学式、2年生はかけ算の九九、4年生は二分の一成人式、5年生は思春期の始まりで、他人の目を気にし、人との違いや「自分とは何なのか？」を考え始める時期です。6年生は卒業式でも苦労します。卒業式で、「はい」という2文字がなかなか言えず、苦しんだ思い出をもつ子もいます。卒業式での、卒業生を贈ることばを言う場面で困っている5年生もいます。

吃音の古い情報として、「吃音を意識させると吃音が悪化する」「吃音に触れない方が良い」などがあります。しかし、「吃音の話をしても、悪いことは起きません」と先生に伝えたいです。

吃音をタブー扱いにすると、児童ひとりに吃音の問題を背負わすことになります。保護者が事前に吃音があることを伝えてくれれば良いのですが、必ずしもそうではないようです。

吃音のある児童の60％はからかい・いじめを受ける事実があります。担任の先生は保護者と確認し

小学校で気を付ける行事

共通項目	・健康観察、本読み（音読）、日直（号令） ・劇（学習発表会）、自己紹介 ・からかい（真似、指摘、笑い）、引っ越し
1年生	・入学式
2年生	・かけ算九九
3年生	・クラス替え
4年生	・二分の一成人式
5年生	・クラス替え、思春期の始まり
6年生	・卒業式

ながら、「真似されることない？」「『なんで、そんな話し方するの？』と聞かれていない？」「卒業式での返事、大丈夫かな？」など、本人の困り度を尋ねると良いでしょう。

発表する場面で挙手することは、発話意欲の表れだと思います。ただ、高学年になるにつれて、発表しようとしたら、難発でなかなかことばが出ずに、結局「わかりません」と答えるしかないこともあるようです。

小学校高学年では、表面上は吃音が目立ちにくいので「たいしたことない吃音だから、大丈夫」と安易に思わず、行事ごとに吃音の困り度がないか、気にかけてくれる先生が増えてほしいです。

5　吃音のある子に先生ができること

担任の先生ができることは、上図のように5つあります。1つ目として、からかい・いじめをやめさせること、防止することです。下図に示しているように、小中学校では、吃音のある子の60％の児童生徒が、からかい・いじめを受けています。いじめに発展する前段階として、「なんでそんな話し方するの?」という「指摘」や「真似」そして「笑い」が起こります。吃音のある子の発表中、笑いが起きた場合、「笑わず、最後まで話を聞きましょう」など、どもったときのクラスメートの反応（笑わず、最後まで聞く姿勢）を教育する必要があります。吃音を平然と笑うクラスには、指摘や真似も必ず生じているでしょう。

2つ目は、話すことに時間がかかっても、基本的には待つことです。3つ目は、「ゆっくり」「深呼吸して」「落ち着いて」という話し方のアドバイスは、プレッシャーになるばかりで、効果はありませんのでやめましょう。4つ目は、吃音の具体的な対策について、本人と話し合うことです。苦手な場面について話すことにより児童生徒も精神的に楽になりますし、流暢に話せる確率が増えます。ただ、「配慮が不要」という児童に対しては、その意見を尊重し、時々、「調子はどう?」と気にかけるようにしてください。5つ目としては、からかう児童は他のクラスや学年にもいますので、他の先生や、次学年の先生と情報を共有しましょう。

担任の先生ができること

①吃音のからかいをやめさせる
→少しの真似でも、傷つきます。
→クラスで吃音のからかいがあったら報告させましょう。
②話すのに時間がかかっても待つ。
③話し方のアドバイス（ゆっくり、深呼吸して、落ち着いてなど）をしない
→効果がなく、逆にプレッシャーになります。
④本読み、号令などの対応を本人と話す。
⑤学年で、吃音のある子がいることの情報を共有する。

吃音児に対する、小中学校でのからかい・いじめの割合

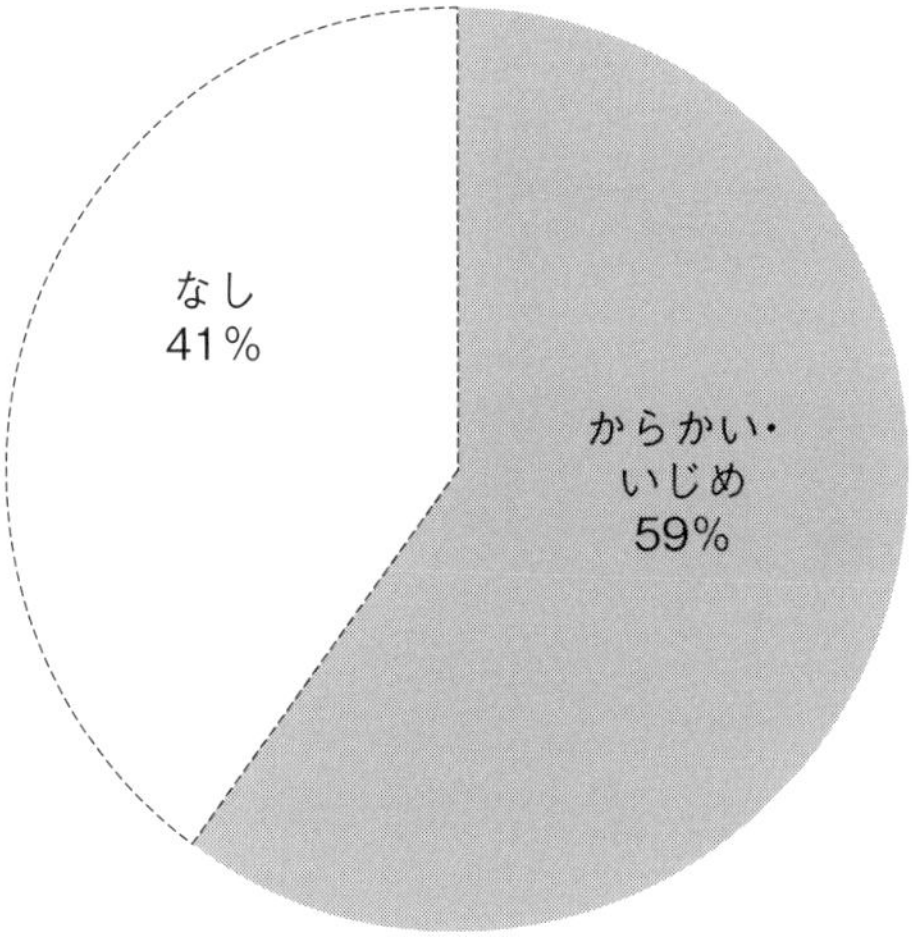

（Langerin et al., 1998）

6　音読の配慮

小学校、中学校、高校の全ての学年において、本読み（音読）は吃音のある子の最も苦手なことであることが上図からわかります。なぜ、吃音のある子は、音読が苦手となるのでしょうか。皆に注目される特別な状況の中、ドキドキする交感神経の高まりとともに、音読をしなければなりません。そのよう場面で、吃音が出てしまい、さらに周囲の人の否定的な反応（笑われる、急かされる、叱責される）によって、「なぜ、どもってしまうのだろうか?」というやり場のない気持ちに襲われます。そして、「また、どもってしまうのではないか?」という予期不安や恐怖を感じるようになってしまい、次の音読場面では、さらにドキドキし、交感神経が高まり、吃音が出やすい状況となってしまうのです。特定の場面（状況）での嫌な記憶が積み重なることによって、苦手度が増してしまうのです。結果的に悪循環から逃れられずに、「音読があるから、学校に行きたくない」という児童生徒が出てきてしまうのです。

このような悪循環を解決するためには、音読をした後に、吃音が出る出ないにかかわらず、先生が肯定的な反応をすることによって、自信をつけることです。音読の場面で自信がつけば、好循環が生まれ、音読の恐怖感を軽減することができるでしょう。吃音のある児童・生徒は、吃音をうまくコントロールしたいと頑張りますが、実際は、周りの人の反応により、不安・恐怖心が変化します。そのため、吃音のある児童・生徒のクラスの子の理解が大切となってくるのです。

小学校で、教師に配慮・支援を望む事項

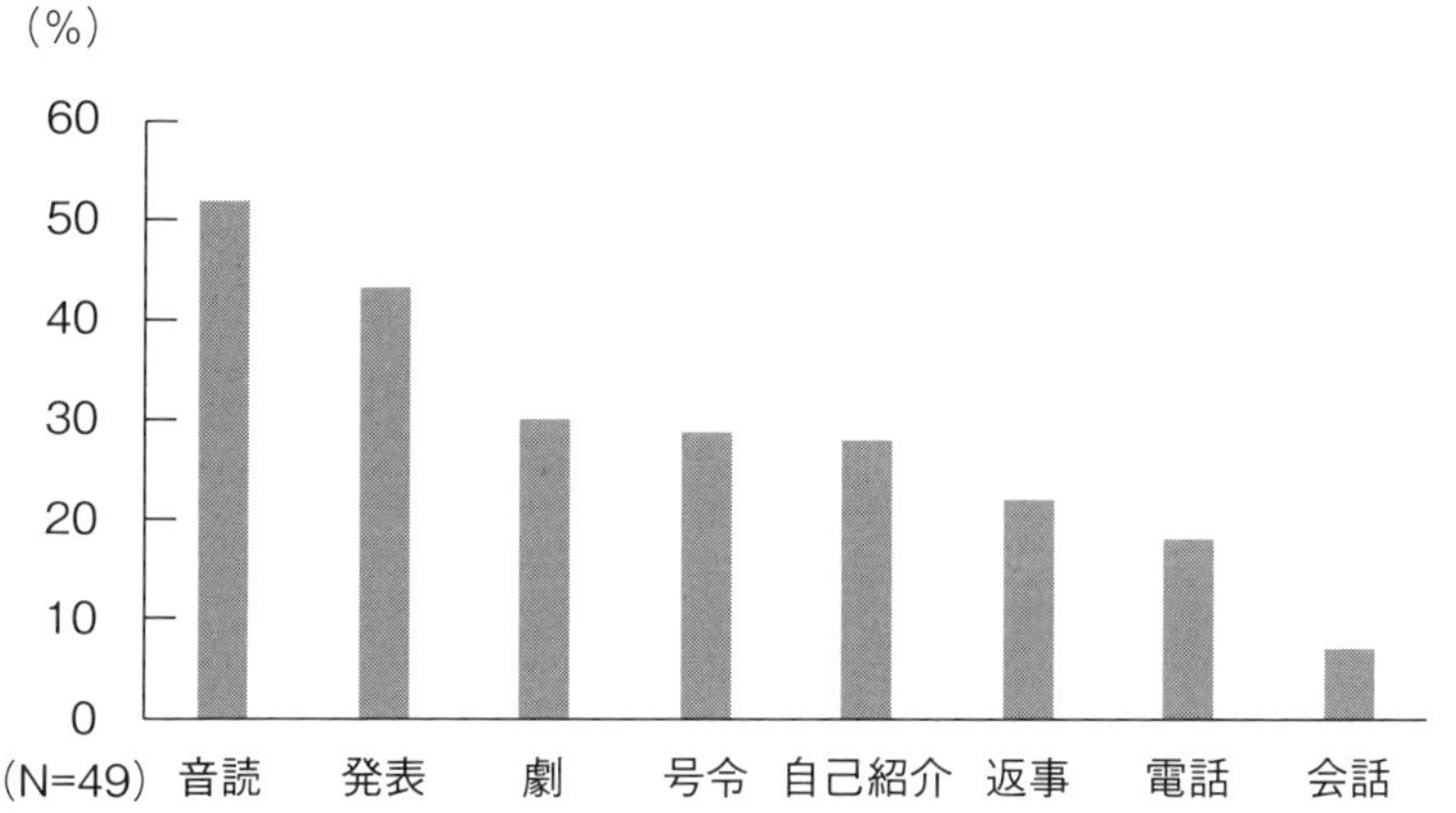

（見上他，2006改）

なぜ、吃音のある子は音読が怖くなるのか？

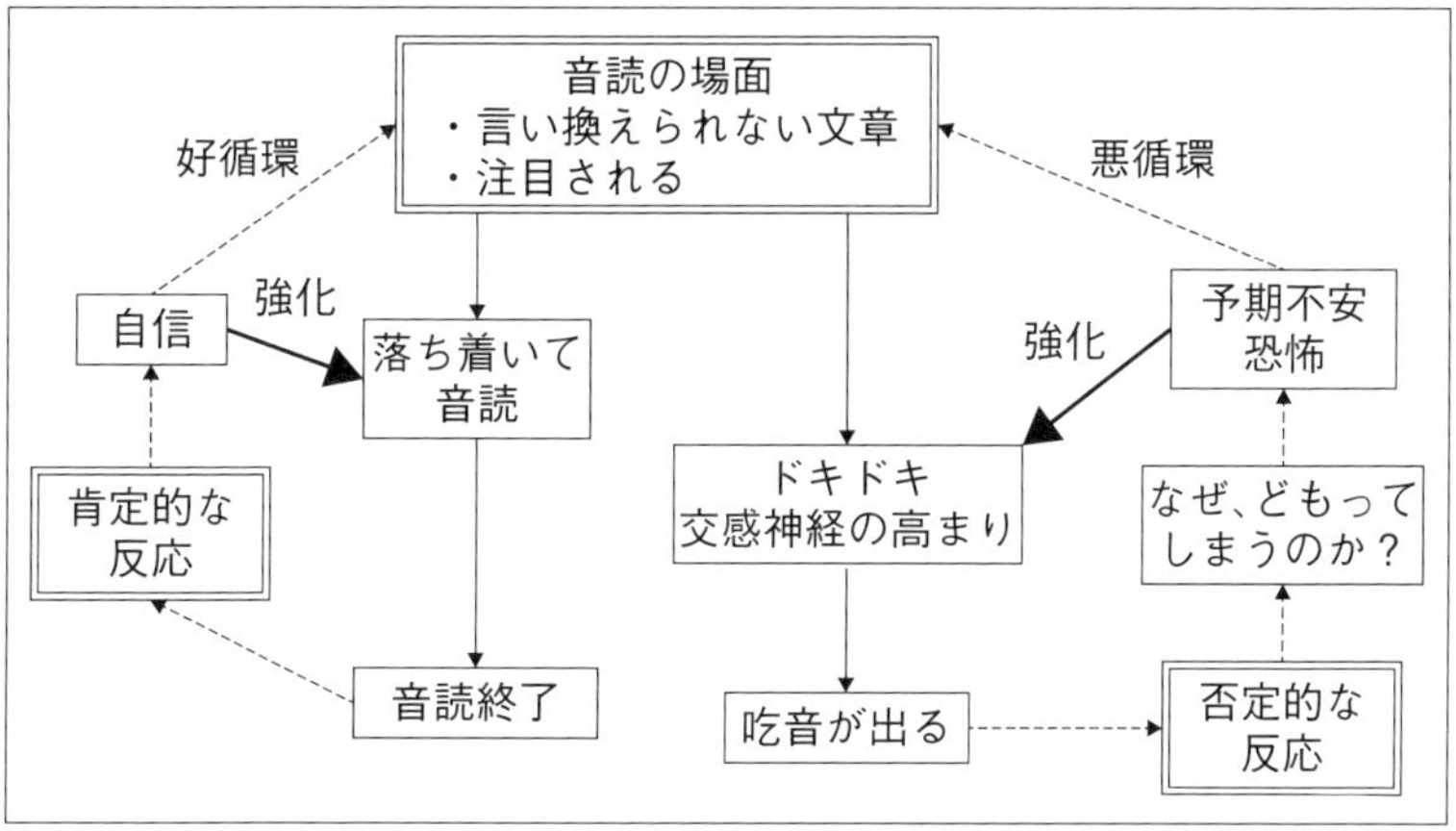

7　かけ算の九九の配慮

小学2年生の2学期から始まるかけ算の九九により、吃音のある児童の困り感が増える可能性があります。それは、「正確に言う」「早く言う」ことが要求されるからです。

実際あった話なのですが、5の段を暗記しているか、まず友達同士で確認し、友達同士で合格したら、先生の前で最終確認をするという授業体制がありました。その子は5の段を友達に言うときに、「ごごごいちが、ご」と繰り返しがあるため、「『ごごご』ってなったから、ダメ」と友達に言われ、先生の前での確認までたどり着きませんでした。早く先生に最終確認をしに行きたかったのに、友達がなかなか合格させてくれなかったため、家に帰って、「早く合格できなかった」と泣きながら悔やんでいたそうです。

最終確認をする先生も、「10秒以内で言うこと」という時間制限を設けてしまうと、覚えているのにもかかわらず、どもって時間がかかってしまい、10秒以内でクリアすることができなくなります。ただ、「君だけ特別に20秒でいいよ」と言っても、本人のプライドもあるため、納得しない場合があります。そのため、吃音のある児童がクラス内にいる場合は、担任の先生は九九の暗記に時間制限を設けず、正しく言えているのか、確認できるようにしていただけると、困り感が減ると思います。

九九学習につまずく児童（左図）がいて、児童の特性に合わせた指導が望まれます。

かけ算の九九の暗記・音読の宿題の困り感の増減

	九九の暗記	音読の宿題
困り感が増える指導方法	10秒以内で言えたら合格	「すらすら読める」ことが目標
困り感が減る指導方法	正しく覚えていたら合格	「丁寧に読める」「登場人物の気持ちになり読める」などが目標

九九学習につまずく児童

１．同一音韻の混乱
・２×７の、７「シチ」を１「イチ」と言い誤って２となる誤答など
➡言い換えの術：「４」を「シ」→「ヨン」、「７」を「シチ」→「ナナ」、「９」を「ク」→「キュウ」など。
２．想起の混乱
・４×９を32と同じ段の４×８の解答をしてしまう誤答など
３．練習不足
➡九九クイズ（効果的な反復学習）、フラッシュカード（繰り返し練習による自動化）、九九なぞなぞ（九九の式への意味付け）

（高畑，2017）

8 からかいやいじめの対策

吃音のある児童がクラスにいると、60％の確率で、「なんで、そんな話し方するの？」と指摘され、真似され、笑われます。このようなことは、小学校では低学年と高学年に多く発生し、放置していると、いじめにつながります。

今まで大人（先生や保護者）は、児童の吃音に対して、「吃音は気づかせない方が良い。困ってなさそうだから、話題にしない方が良い」というスタンスを取ってきました。これは、70年以上前の診断起因説により発生した噂ですが、「吃音を話題にしない→吃音で生じることの対処法がわからない→吃音の話題はタブー→吃音の悩みは一人ぼっちで解決しないといけない」と児童は思い込んでしまうのです。

吃音のからかい・いじめは、担任の先生がみていないところで発生します。もし一度でも先生が吃音の指摘の場面に遭遇しているならば、それの何倍、何十倍も指摘や真似、笑いが生じているはずなのです。吃音のある子に、「ことばを繰り返したり、詰まったりすることあるかな？」と聞いて、多くの子は「ある」と言いますが、「誰かに真似されたり、『なんでそんな話し方なの？』と聞かれたことはない？」と直接尋ねると、担任の先生に話してもいいんだ、この先生は理解してくれる先生なんだ、と子どもが気付くきっかけとなります。また、下図のプリントを教室の掲示板に掲示するのも有効な手段です。

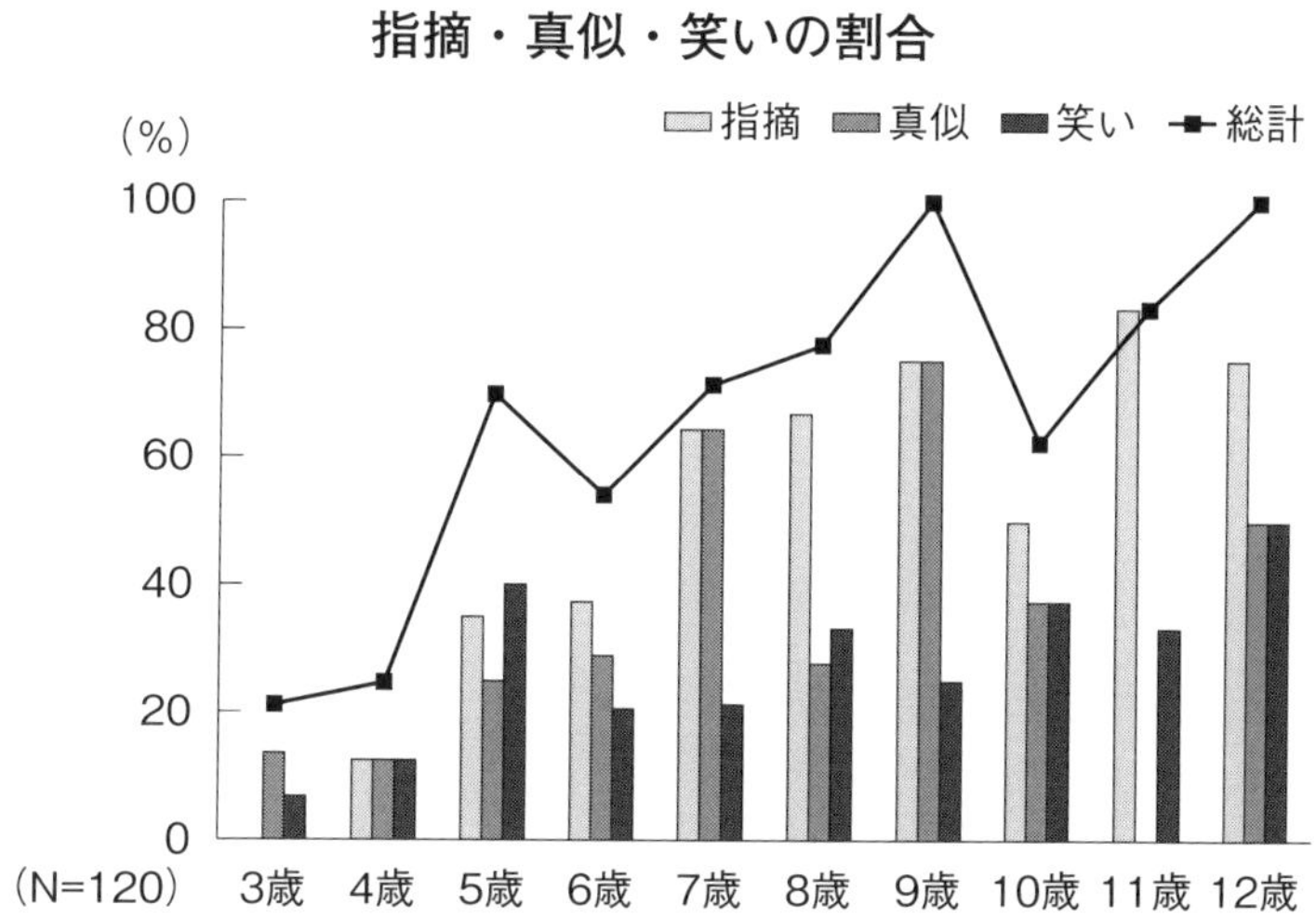

クラスメートに理解してもらうための資料

学苑社のホームページ
https://www.gakuensha.co.jp/
『子どもの吃音 ママ応援 BOOK』啓発資料
からダウンロード可能

9　二分の一成人式の配慮

小学4年男児の保護者から、「息子が、二分の一成人式の日に、急に『学校に行かない』と泣いたので、学校を休ませました。ずっと吃音があることは気づいていたけれど、悩んでいたことに気づけていませんでした。家庭では、吃音の話をしたことがありません」とのことで急遽診察したことがあります。

その男児は、その後は不登校とならずに、学校に行くことができましたが、二分の一成人式は、吃音のある児童のストレスになることを想定しておきましょう。

二分の一成人式は、文部科学省が定める学習指導要領には記載がなく、実施校や教諭の裁量により行なわれる課外活動の一環です。「国は関与しておらず、実態を把握していない」とも言われ、自由度の高い学校行事です。

二分の一成人式を「体育館でそして学年全体で行なう」ことが、児童の不安のひとつとしてあげられるでしょう。同じクラス内の人は、吃音のことをわかってくれるかもしれませんが、他のクラスの人は知らないので、少しでもつっかえたら笑われるのではないか、と不安になってしまうのです。

そこで、「二分の一成人式をクラス内で行なう」ことも配慮のひとつだといえるでしょう。いつもの授業参観のスタイルの方が良い児童もいます。クラス内であれば、事前に予行練習もできます。

具体的な二分の一成人式の準備として、名前の意味、小さいころのエピソード、4年生になった今、

二分の一成人式の例（教室の場合）

①始めのことば
②歌
③一人ひとり発表（原稿は見ても見なくても良い）
・名前の由来
・これまでの自分
・これから自分について
④親から感想（児童が指名）
⑤終わりのことば

二分の一成人式の例（体育館の場合）

①校長先生からのお話
②合唱
③親から子どもへのお手紙（親が読む）
④親子記念撮影
⑤ゲーム（宝探し）

成長したと感じるところ、これから期待することなどを、児童が親にインタビューすることが多いようです。

その時に、吃音がいつころ始まって、親はどんなことに心配していたのか、周りの人にどう理解してほしいのか、などを伝えてみるのもひとつの案だといえるでしょう。

下図は、ある学校で実際行なわれた児童のスピーチがない二分の一成人式の例です。その代わりに親が子どもへ手紙を読むイベントに変更しています。

10　卒業式の配慮

いろいろと苦手な場面を経験して乗り越えてきた小学校生活ですが、最後の困る場面として卒業式があります。私の卒業式は、人数の多い小学校だったので「はい」という返事をするだけでしたが、しっかりと「はい」ということばが言えるのか、とても心配でした。卒業式の予行演習のときに、「はい」という返事は小さいながらもなんとか言えたのですが、壇上に上がるとき、みんなが笑っていました。あとから聞いた話によりますと、緊張していた私はナンバ歩き（同じ側の手足を同時に振り出す歩き方）をしていたようで、みんなは歩き方を笑っていたとのことでした。

卒業式は児童数の規模により異なりますが、「はい」という返事をするだけの学校、6年生から在校生に向けて一人ひとり短い別れのことばを言う学校、壇上に上がり一人ひとり将来の夢を発表する学校などさまざまです。

吃音のある児童に対する卒業式での配慮は皆同じではありません。普段の授業中に積極的に手を挙げている児童の場合、本人に卒業式の配慮の有無を尋ねてみると、多くの人は「配慮が不要」と答えるでしょう。

しかし、普段の授業中もほとんど手を挙げない児童の場合、卒業式の配慮が必要な場合が多いでしょう。2017年の話ですが、保護者が、「卒業式の配慮をお願いします」と学校に伝えたことがありました。その児童は声が小さく、先生は、「『君だけ声が小さくていいよ』と言うと他の児童に示

卒業式での吃音の配慮例

・名前を呼ばれて「はい」の声が出るか不安
　○小さな声でも OK

・６年生から別れのことば、５年生からの呼びかけ（一人ひとり短いセリフ）
　○言いやすいことばに変更する。
　　（苦手なことばと得意なことばがあるため）
　○２人やグループで言うことに変更する。
　　（吃音はタイミング障害なので、誰かと声を合わせると大丈夫なため）

・壇上に上がり、将来の夢を発表
　○昼休みなど、先生・友達と一緒に練習をする。
　　当日、本人がどうしても言えなかったら、先生が代読などをする。

卒業式での吃音の不当な差別的扱い例

・名前を呼ばれて「はい」の声が出るか不安
　×「はい」の返事ができないならば、他の児童にしめしがつかないので、
　　２階から１人で卒業式を見学

しがつかない。そんなに不安ならば、卒業式を見学する？」と言い、その児童は体育館の2階で見学することとなりました。本番の卒業式は、「はい」という返事はしなくてもよくなりましたが、同級生たちの様子を見て、みんなと一緒に卒業式で並んでいなかったことを後悔したそうです。本人と保護者との十分な話し合いが必要だったケースだと考えさせられました。

上図は卒業式の配慮例であり、他のクラスの先生の理解も大切となります。

第6章
中学校・高等学校

1　中学・高校入試の面接試験における配慮

全国のおよそ3割の公立高校の入試試験で「全員に面接」の実施をしています。私の地元の山口県や福岡県では、高校での面接がないために「えっ、公立高校入試に面接があるの？」とびっくりしますが、他県の人からは、「なぜ面接がないの？」と逆に驚かれます。

神奈川県は平成25年度の入学者選抜から、公立高校全校に面接を取り入れています。そこで、神奈川県の入学者選抜制度改善方針を見ると、

「『基礎的・基本的知識及び技能』、『思考力、判断力、表現力等』、『主体的に取り組む態度（学習意欲）』の3つの学力要素を的確に把握するため、共通の検査として学力検査及び面接を実施する」としています。このうち「学習意欲」を把握するおもな材料として、面接が実施されるのです。つまり、「学習意欲」が伝わればいいので、流暢に話せるかどうかは、高校入試の面接では問われていません。

文部科学省が面接を促進している理由として、高校の中途退学者を減らしたい背景があるようです。

「吃音があるから、面接は絶対失敗する。高校に行くのが無理だ」と悲観している吃音のある中学生がいたら、吃音があるだけで不合格にはならないことと「学習意欲」がキーワードになることを伝えてください。私の作成した資料（巻末参照）を願書と一緒に同封する際に、医師の診断書がいるのか、高校に確認してみてください。かかりつけの小児科や耳鼻咽喉科で、簡単な診断書の作成をお願いしてみてもいいでしょう。

中学・高校面接の合理的配慮の一例

１．吃音のある生徒の面接による受験
・他の試験官に、吃音のある受験生がいること、合理的配慮が必要なことを事前に伝えておきます。
２．自己紹介ができない
・吃音のある生徒は自分の名前を言うのが一番難しいです。試験本番では、過度の緊張のため、吃音の症状が著明に出ます。代わりに試験官が名前を読み上げることも可能です。
３．受け答えに時間がかかる
・時間的な余裕の確保と、寛容な聞き手の姿勢が望ましいです。
４．面接当日、吃音が重度のため口頭でほとんど説明できなかった
・作文での評価も検討してみても良いと思います。

受験者全員に面接を課す公立高校の都道府県（2012年時点）

・岩手県	・秋田県	・神奈川県
・静岡県	・愛知県	・鳥取県
・香川県	・徳島県	・愛媛県
・高知県	・佐賀県	・長崎県
・宮崎県	・沖縄県	

https://www.chuman.co.jp/maruwakarihigh/explain_02.html より

2 英検の二次試験（面接）の配慮

吃音のある中高校生は、「面接」を恐れる人が多いです。小学生のときに、発表中、友達に笑われたり、先生から誤解を受けたりした人は、余計に発表・面接を恐れるようになり、回避する傾向にあります。

中学高校時代に、学校から「『英検（日本英語検定協会）』を受けませんか?」と誘われることがあります。英検は1級から5級までありますが、3級からは筆記試験だけでなく、2次試験に「口頭での面接試験」が加わります。2014年以降英検のホームページには、吃音症に対して、診断書があれば、2次試験の配慮をされることが記されています。医師からの診断書でもいいですし、言語聴覚士、ことばの教室の先生からの診断書でも配慮が可能となった話は聞いています。どうしても診断書を書いてくれる医師が見つからない場合は、学校医にお願いした事例もあったようです。

この英検での配慮が行なわれたきっかけは、実は2013年に英検を受けたひとりの吃音者の行動によるものでした。英検1級の面接試験でどもるために、なかなか合格できず、弁護士と医師への相談そして働きかけによって、特別な配慮が決定されました。そして、どもりながらも、無事英検1級に合格できました。2016年に障害者差別解消法が施行される前に、どもりながら英検を受ける権利を獲得された勇気のある行動でした。

英検の配慮

英検のホームページ　http://www.eiken.or.jp/

↓

右下に「障がい者特別措置」について

↓

特別措置要項・申請書

↓

種類	特別措置の対象	一次試験	二次試験
養護関係（病弱・その他）	音声言語障がい（吃音症・その他）	通常試験	筆談（音読を口話で実施）★ 筆談（音読を筆談で実施）★ 発話への配慮★ 話がつまる、大きな声がでないなどの状況を面接官に伝え、注意して聞くように配慮します。面接の実施方法・評価方法は通常通りです。

※措置の内容に★マークがついている措置については、別紙に詳細と診断書の添付が必要。審査の上、措置の適応可否を判断します。

英検の配慮の診断書例

・診断名　吃音症

・Ａさんは、当科初診日はＸ年Ｘ月Ｘ日です。吃音症は通常会話ではそこまで気になりませんが、本番の面接では、吃音症状が顕著になることが予想されます。そのため、英検の特別措置としての「発話への配慮」をよろしくお願いいたします。

3 「大学入学共通テスト」の英語のスピーキング

大学受験を控えた高校生の保護者の中には、大学入試センター試験、または共通一次試験を受験した経験のある方もいるでしょう。大学入試もどんどん変化しており、２０２１年1月から、大学入試センター試験は、大学入学共通テスト（以下、共通テスト）へと名称が変更されます。ただ、名称が変わるだけではなく、試験の内容も変わります。。英語試験では、2技能から4技能へ増えることで、吃音のある人に大きな影響がありそうです。これまでの英語は、リーディングとリスニングの2技能で評価されましたが、共通テストから、スピーキングとライティングを加えた4技能を評価することになりました。共通テストで全員スピーキングを行なうと時間がかなりかかるので、民間の試験（英検など）を活用することが決まっています。また、共通テストのスピーキング免除に使えるのは、現在、高校3年生の4月から12月の間の英検などの成績を考慮することになっています。当初２０２０年度開始でしたが、２０２４年度に延期されました。

下表では7つの外部試験についてまとめました。私立大学で多く採用されているものは、英検、ＴＥＡＰ、ＧＴＥＣです。受験する大学の募集要項などは、必ず確認しておきましょう。例えば、大学の出願要件にも、ＣＥＦＲ（セファール…ヨーロッパで外国語の学習者の習得状況を示す際に用いられるガイドライン）のＡ２（英検準2級合格）以上の成績を必要としている大学もあります。なお、既卒者については、受験年度とその前年度の2年分の成績を使用できるとされています。

「大学入学共通テスト」の概要

名称	大学入試センター試験	大学入学共通テスト
実施年度	～2020年（2019年度）	2021年（2020年度）～
日程	１月中旬２日間	１月中旬２日間
出題教科・科目	６教科30科目	センター試験と同じ ※2024年度以降は簡素化を検討
英語	２技能（Reading、Listening）を評価	４技能を評価、民間の試験を活用。2023年度までは民間試験と共通テストの併用（大学が利用方法を指定）
出題形式	マークシート式	数・国で記述式を導入
成績結果・提供方法	各科目１点刻みで採点し合計点を提供	マークシートの部分は現行より詳細評価を提供予定。 英語は段階評価（CEFR）。 記述式は段階評価（３～５段階）。

2017年７月文部科学省「大学入学共通テスト実施方針」より

大学入学共通テストの英語民間試験（予定）

		受験者数	スピーキング方式	吃音への配慮	受験料（A２）	私立大学受験での使用（2019年）
1	「新型」英検	340万人	面接／録音	○	6,900円（準２級）	多い
2	TEAP	2.5万人	面接	○	15,000円	多い
3	GTEC	93万人	録音（タブレット）	○	9,720円	多い
4	TOEFL iBT	非公表	録音	△	約27,000円	中程度
5	IELTS	3.7万人	面接	△	25,380円	中程度
6	ケンブリッジ大学英語検定	非公表	面接（ペアで対面式）	○	9,720円	少ない

4 GTEC（ジーテック）

従来の「英検」は共通テストには使えず、さらに「新型英検」は高校3年生の受験に限られていることもあり、「GTEC」の受験を促す高校が増えてきています。しかし、2018年12月の段階で、吃音（言語障害）の配慮がありませんでした。2019年3月、私と言友会の連名で配慮の追加の要請として左図の意見書を文部科学省に提出していますが、残念ながら2019年5月時点で、GTECのホームページには吃音者の配慮を明記されていません。

ただ、2019年4月、英語4技能 資格・検定試験懇談会のホームページ↓資格・検定試験 比較一覧表↓関連リンク↓「大学入試英語成績提供システム」に参加予定の資格・検定試験概要一覧(http://4skills.jp/qualification/pdf/20181213.pdf) ↓別紙3GTECの中に、「吃音障がいの受検者について、採点拠点へ該当受検者の情報を連携（注意して音声を確認）」が追記されました。①受験上の配慮申請書と②診断書があれば、合理的な配慮を受けることが可能となったのです。

GTECのスピーキング検査は、タブレット（コンピューター）から自動音声によって質問をされ、一定の時間が経つと、次の質問の自動音声が流れます。人が聞き手の面接式（英検など）と、機械に話しかける録音式、吃音のある人にとってそれぞれ好みがあると思います。録音式のように、独り言ではあまりどもらない人、英語ではあまりどもらない人は、録音式でも構わないと思います。言い終わるまで待ってほしい場合は、面接式の試験を選択してもいいのかもしれません。

意見書

福岡言友会、菊池良和（医師・九州大学病院耳鼻咽喉・頭頸部外科助教）

2018年６月15日に閣議決定された第３期教育振興基本計画（文部科学省）で、「高等学校卒業段階で、英語力 CEFR のＡ２レベル相当以上を達成した高校生の割合を５割以上にする」という目標が設定されました。そのため、一部の大学では、英語力 CEFR のＡ２レベル以上または、それに相当する書類がないと、出願が受理されない状況が発生する懸念があります。その英語力は、従来の「聞く・読む」に加え、新しく「話す・書く」の２技能を加えた４技能で評価することとなり、民間事業者等により実施されている資格・検定試験の活用を促進する方針としています。つまり、吃音者または場面緘黙症（選択性緘黙）など発話に障害のある人が、志望する大学に出願すらできない状況が発生する可能性があります。そのため、その障害のため能力を過小評価されるリスクが生じ、障害者差別解消法における「不当な差別的な取り扱い」に該当する可能性があります。

英語力を判定する民間事業者には、「GTEC」を実施しているベネッセコーポレーションを始め７団体ありますが、先日、福岡県で GTEC を高校生に強制的に受験させようとした事例が確認されました。その吃音のある高校１年生と保護者が吃音症に対する配慮について問い合わせると、「吃音症に対する配慮はない」と回答されたそうです。

文部科学省高等教育局大学振興課の報告（平成30年８月28日「大学入学共通テストの枠組みで実施する民間の英語資格・検定試験について」）によれば、大学入学共通テストの外国語の成績判定に活用できる民間試験の条件として、「障害等のある受験生への合理的配慮をしていることを公表していること等が定められており、これらの要件を（大学入試）センターにおいて確認」できることが挙げられています。今回、ベネッセコーポレーションに「GTEC は吃音症または場面緘黙症（選択性緘黙）など発話に障害のある人のために必要な合理的配慮があるのかどうか」を確認した上で、大学入学共通テストの成績判定に活用できる民間試験のひとつとして相応しいと判断したのでしょうか。

私たちは当事者団体として、吃音症または場面緘黙症（選択性緘黙）など発話に障害のある人が GTEC を受験する際の合理的配慮の追加を望みます。具体的には、GTEC に発話時間の延長（タブレットの電子機器なので、過重な負担とはならないと思います）、または発話の免除（３技能の中で平均し４捨５入する等）を、診断書があれば可能となるように要望します。

以上

5 中高校生が教師に望む配慮

吃音のある中高校生への配慮を考えるときに、何に困る傾向があるのかを知っているとよいと思います。左図は、中高校生時代の吃音のある生徒の配慮・支援の調査結果です。

一番多いのは音読、次に発表、号令、自己紹介、電話と続いています。吃音のない人には、「音読と発表は同じではないか？」と感じるかもしれません。しかし、音読と発表は、大きな違いがあります。音読は自分が言いにくいことばを違うことばに換えることができません。

小学校の高学年ころから、流暢に話すための工夫として、言いにくいことばを言いやすいことばに言い換えることを行ないます。「ありがとう」が言いにくいと、「サンキュー」と言い換え、できるだけ不自然ではないように振る舞います。そのため、中高校の先生は、保護者、本人から申告がない限り、吃音に気づくことが難しくなってしまうのです。だから「吃音は言いやすいことばと言いにくいことばがある言語障害である」と認識することによって吃音のある人の悩みを理解する必要があるのです。

発表以外の配慮の項目は、「号令」「自己紹介」「電話」となっています。号令は決まったセリフがあります。自分の名前を言い換えることはできません。もちろん電話口で自分の名前、相手の名前は換えられません。

「音読」「号令」の配慮の一例として、2人で同じことばを言うと吃音は流暢に話せるので、2人読

中学高校で、教師に配慮・支援を望む事項

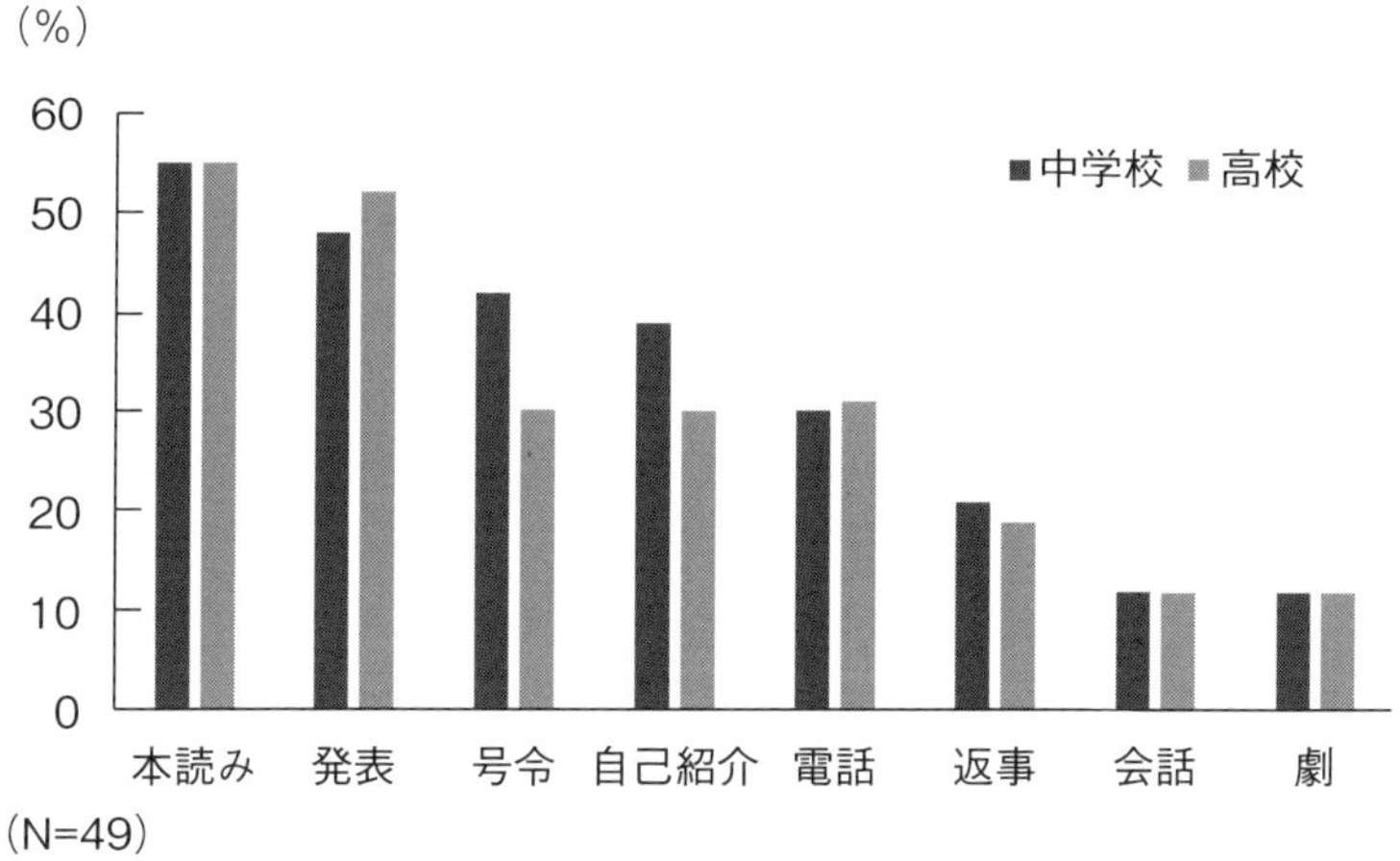

（見上他，2006改）

みを取り入れることが有効となります。また、日直が必ず号令をするわけではなく、学級委員や号令係がするクラスもあります。本人の困難度に合わせて、配慮を行なうかを検討してみてください。

自己紹介の困難さは、先生が環境を整えるだけでも十分な助けとなります。どもって、クスクス笑う生徒がいたら、「笑わないで」と注意をするだけでもいいでしょう。また、なかなか名前を言えない生徒には、代わりに先生が言う配慮があってもいいかもしれません。

吃音のある生徒が一番ショックを受けることは、吃音に対して笑う生徒と一緒に、先生も笑ってしまうことです。「この先生もわかってくれない」と吃音の悩みを隠し続けることにつながってしまいます。

6　中高校生の不登校

当院に来院した中高校生の主な主訴について図にまとめました。一番多かったのは、「不登校（30日未満の欠席も含む）・中退」（3人に1人の割合）でした。この不登校には、吃音が原因と考えられる不登校と、それ以外の不登校の2パターンに分かれるのではないかと考えます。まず、吃音が主因の不登校は、苦手な科目（国語、英語、社会など）がある時間帯の日が嫌だけど、それ以外の日は大丈夫、という場合です。このような生徒には、その教科の先生に「吃音のある生徒がいますので、◯◯のような配慮をお願いします」という環境調整をするだけで、不登校からの回復が見込めます。

もう一つの不登校の原因として、学校に行くときに、頭、おなかが痛くなるという心身の不調を訴える場合があります。もちろん、授業中に対する恐怖感も合併している生徒は、学校の先生の環境調整だけではなかなかうまくいかないこともあります。また、「なんで、学校に行けなくなったのかわからない」「学校そのものが嫌い」「もう学校へ行かないと決めた」という生徒は一筋縄ではいきません。心身症、発達障害のこだわり、フラッシュバックなど、精神科疾患を合併している場合は、言語聴覚士だけで抱え込むのではなく、精神科、メンタルクリニックと連携しながらその生徒を支援しなければなりません。不登校が長期化して、本人・保護者と学校との信頼関係が崩れてしまったら、通信制・単位制の学校に転校せざるを得なくなります。学校の先生たちの協力なしには、不登校からの回復は難しくなります。

中高校生の36名の主訴の内訳

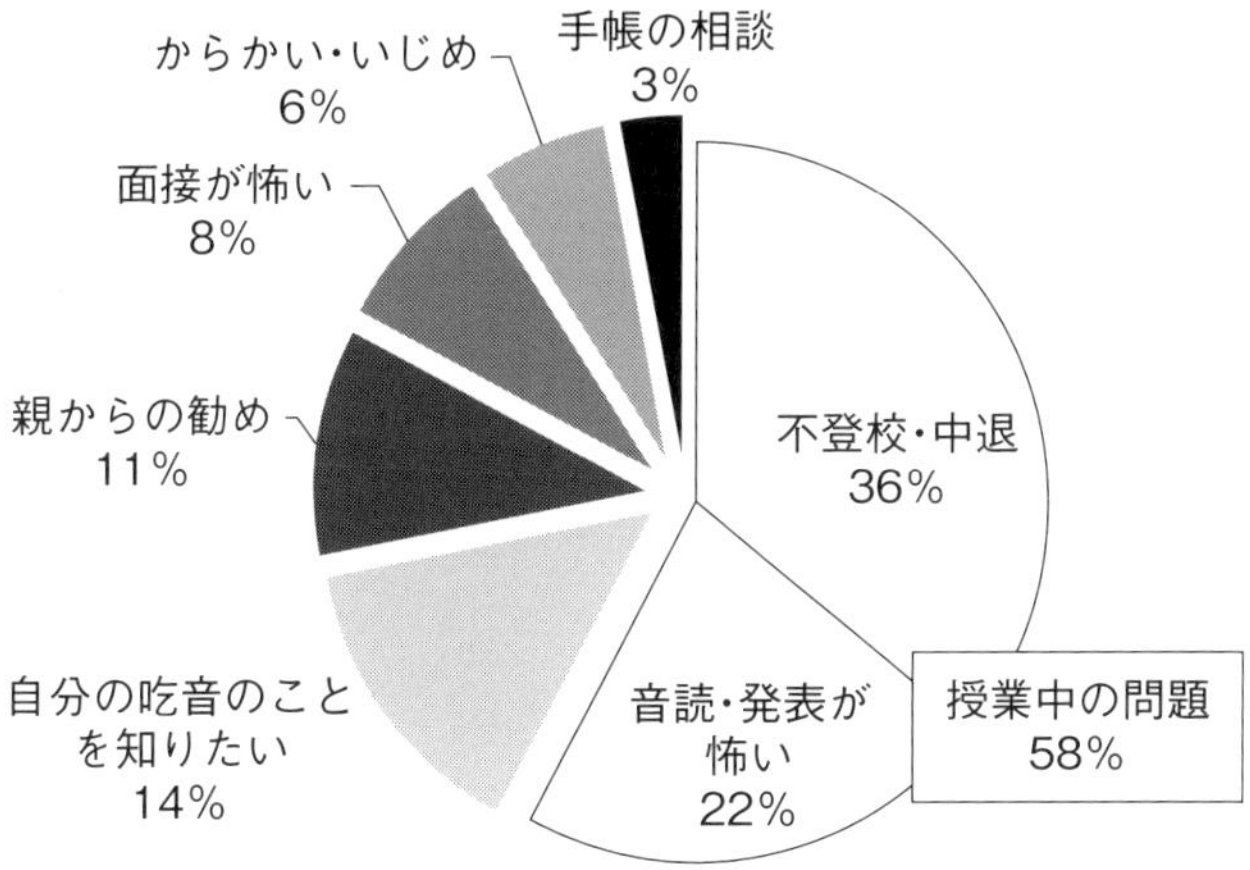

不登校へのアプローチの経験

・苦痛を感じている先生、教科、場面がはっきりしている
　→合理的配慮が有効なことが多い。

・不登校になっている原因がはっきりしない
　→授業中の合理的配慮だけでは不十分なことが多い。
　　・精神科、心療内科とも相談。
　　・通信制の学校への転校もひとつの選択肢。

第7章

大学・専門学校

1　相談できる専門部署

「障害者差別解消法」が施行された２０１６年前後から、各大学でハンディ（障害）のある学生の支援室が作られつつあります。小中高では、通常学級の担任が授業から生徒指導までさまざまな仕事をしながら、合理的配慮を考えます。しかし、大学では学生相談室、健康開発・情報支援室以外に、専門の部署を設けている場合もあります。例えば、九州大学であれば、コミュニケーション・バリアフリー支援室という名称です。

支援室の業務内容ですが、九州大学の例を示しますと、授業担当教員に吃音の合理的配慮依頼をしてくれることです。就労機会についても、サポートしてくれるようです。

障害のある学生のための支援室とは別に、就職支援室は各大学に設置されているでしょう。福岡大学では、福岡大学就職・進路支援センターという名称です。センタースタッフ、キャリアカウンセラー、進路相談員・就職アドバイザーによる三身一体支援で、就職活動や進路選択を支援してくれます。大学１年生からインターンシップ派遣をしている大学もあるため、大学入学後、障害者支援室と就職支援室でどのようなことが相談できるのかを確認し、一度訪れておくことをお勧めします。

支援室の業務の一例（九州大学）

①障害者支援の推進に関する全学体制の構築
②修学・就労機会の確保
・修学・就労などにおける情報保障やコミュニケーション上の配慮など合理的配慮を進めるために、授業担当教員への配慮依頼、教材・支援機器などの情報提供をします。
③学内外連携
④施設のバリアフリー
⑤パーソナル支援
・障害のある学生・教職員の個別支援や、ソーシャルスキルトレーニングなどを実施します。
⑥障害者支援を担うピア・サポーター学生の育成
⑦啓発活動・認識調査

就職支援室の業務の一例（福岡大学）

①センタースタッフ
・就職活動におけるさまざまな相談に対するアドバイス、求人の斡旋、各種就職、進路支援、インターンシップ、面接指導、マナー指導、履歴書、エントリーシートの添削など。
②キャリアカウンセラー（予約制）
・キャリアカウンセラーとは、職業選択やキャリア開発を支援するプロセスを体系的に学んだ経験豊かな相談員。
・進路に関する漠然とした悩みの相談、コミュニケーション・トレーニング、VPI 職業興味検査、自己理解などの支援。
③進路相談員・就職アドバイザー
・進路相談員とは、企業での採用・人事に精通した専門家。就職アドバイザーとは、企業の採用に携わった経験をもった実務経験者。
・就職・進路における実践的・現実的な個別指導、面接指導・マナー指導、履歴書・エントリーシート添削などの支援。

2　英語の授業のスピーチ

ある大学2年生が、スピーキングを伴う英語の授業の単位を落としてしまい、困っている話を聞きました。繰り返しを伴う連発の吃音の場合、先生が理解してくれる可能性もありますが、最初のことばが15秒も30秒も出ない難発性吃音の場合、「なぜ話してくれないのか」と先生も疑問に思ってしまいます。疑問に思うだけではなく、「勉強が足りない」「反抗的である」と思われてしまうこともあるようです。「話してくれないと単位のつけようがない」と先生が困ることを避けるために、事前に吃音について伝えておきましょう。吃音のことを知らない先生の叱責や誤解によって、本人がつらい思いをすることを避けるためです。

大学側に提出した診断書が上図になります。担当の先生が日本人とは限らないので、英語で配慮を求める内容も盛り込んでいます。単に発表免除を希望するよりも、「声が出ないときは、吃音の症状が出ている」ことだけを知ってもらいたいと望む学生が多いようです。

私も大学1年生のときに、外国語（英語）の授業で先生が、「何か要望がある人は教えてください」と紙を配ったことがありました。そこで「私は発表をするときに、声が出ないことがあるので、あまり当てないでほしい」という内容を書きました。すると、その授業は発表がランダムに当たることになり、最後まで当たらずにホッとした思いがありました。大学入学前後に、家庭や学校で吃音についてオープンに話せていると、発表に対する恐怖心は軽減するでしょう。

英文併記の診断書

・病名　吃音症（stuttering）
・附記　このたびはお世話になります。Ａくんは吃音症があり、難発性吃音の症状が出るために、英語の授業の発表に不安・恐怖をもっています。本人が授業中に声が数秒出なくなる吃音症がありますので、ご理解をお願いします。吃音が出て時間がかかったときの対応を話し合っていただけると助かります。1．時間がかかっても言う。２．当てて15秒以上かかるときは座らせる、などの配慮例があります。多数の学生のご指導お疲れ様です。何卒ご配慮願えたら幸いです。
・To English teachers, I would like to introduce a student who stutter. He has an anxiety of occurring stuttering during English presentations. Stuttering block takes some seconds to say a word. So, would you talk about English presentation time? Without having time to present, I would like to wait some seconds for him to speak in your lesson. He usually speaks without stuttering. However, stuttering suddenly occurs in a presentation time. Best regards, Yoshikazu Kikuchi, M.D., Kyushu University Hospital.

障がい学生支援に関するガイドラインの抜粋（例：福岡大学）

３．合理的配慮に該当し得る配慮の具体例
（意思疎通の配慮）
・ことばの聞き取りや理解・発声・発語等に困難を示す学生のために、必要なコミュニケーション上の配慮を行うこと。
・授業でのディスカッションに参加しにくい場合に、発言しやすいような配慮をすること。
・成績評価において、本来の教育目標と照らし合わせ、公平性を損なわない範囲で柔軟な評価方法を検討すること。
・学内外での実習等において、実習受け入れ機関と協力して、合理的配慮のための調整を行うこと。
４．合理的配慮に含まれないものの具体例
（教育に関わる本質的な変更を伴うもの）
・実験や作業をしたりディスカッションしたりする授業を座学に変更するなど教育プログラムの性質を根本的に変更すること。
・試験の問題を簡単にすることや合格の基準を低くすることなど、単位認定基準や卒業要件を緩和すること。

3 パワーポイントを使って発表する授業

大学は講義が中心で、発表することは比較的少ないのですが、グループの考えをまとめて発表することもあります。ただ、吃音のある学生はそのような状況で、往々にして尻込みをしてしまいます。グループで発表する課題を与えられた場合、パワーポイントで資料を作成し、当日発表するという2段階の作業があります。発表が怖いと思っている吃音のある学生は、「私がパワーポイントで資料を作るから、発表はお願い」とグループの人に頼むことも考えられるでしょう。

このような方法で、発表を回避できますが、自分ひとりでスライドをまとめて、発表をすることもあるでしょう。そのような場合、「伝えなければならない結論をスライドでまとめることによって、苦手なことばを言う心配が減り、聞き手もわかりやすくなります」と私はアドバイスしています。

また、吃音があるために、発表時間を延長してほしい、という配慮を求めることができるかもしれません。障害のある人の試験時間延長については、1.2倍、1.3倍、2倍のことが多いようです。発表時間を延長するだけではなく、質問時間も延長となることがあります。私がお勧めするのは、パワーポイントのナレーションを事前に録音しておくことです。事前に録音したものを当日再生する許可を得ることができれば、時間内に発表できるかどうかという心配もなくなるでしょう。

パワーポイントを用いた発表の合理的配慮の一例

1．担当教官に、吃音のある学生がいることを伝える
・声が出ないことに対する叱責を防ぐため
2．グループであれば、スライド作りと発表の分担を話し合う
・吃音のある学生が発表をしたくない場合を認める
3．苦手なことば、結論をスライド内に入れる
4．発表時間の延長の検討（1.2倍、1.3倍、２倍など）
5．スライド枚数を減らす
・発表時間ギリギリのスライドを作るのではなく、余裕をもつ
6．パワーポイントを動画にして、当日再生
・事前に記録した発表の練習を記録できる（発表時間を守ることができる）

パワーポイントでプレゼン動画作成方法

1．動画にしたいプレゼンファイルをパワーポイントで開く。「ファイル」→「エクスポート」→「ビデオの作成」をクリック。
2．「記録されたタイミングとナレーションを使用しない」をクリック→「ナレーションとタイミングの記録」を選択することで、音声入りの動画ファイルが作成できる。

※注意点：上記の操作をすると、ナレーションとスライド切り替えタイミングが保存されます。そのため、やはりパワーポイントでプレゼンしようと思ったときに、スライドショー記録を「クリア」していないと、本番で勝手にスライドの切り替わりが生じます。

4 診断書を利用した面接対策

吃音のある人の就職活動において、最も不安に感じることは面接です。ここでは、公務員試験を受けることに不安を感じていた人に診断書を作成し、内定が決まった例を紹介します。

20歳の男性。小学校で3年間ことばの教室に通級していた経歴があり、中高校ではサッカー部に所属していました。高校卒業後、公務員試験を受けるために、専門学校に通い始めました。公務員試験では一次試験に合格しましたが、二次試験の面接で吃音が出たことによって焦ってしまい、思ったようなことが言えず、不合格となってしまいました。男性は吃音のハンディを感じ、相談に来ました。手帳の取得は考えていないということなので、上図のような診断書を作成し、市役所や警察署など6か所の試験に備えることになりました。地元の市役所の一次試験合格後、二次試験の前に担当者から「診断書をもらったので、当日の面接試験では配慮します」という話があったそうです。その後、二次試験、三次試験も合格し、地元の市役所に採用されました。受験者が30名、内定者が3名なので、倍率10倍でした。本人の能力で選ばれたのはもちろんですが、診断書が面接試験に立ち向かう動機づけになったのではないかと思います。

下図は福岡市の定期募集の一部です。事務は倍率が高い傾向のようです。

面接試験に対する診断書

・上記の者、Ｘ年Ｘ月Ｘ日から、当院耳鼻咽喉科にて、吃音症で通院中です。通常会話ではあまり支障がありませんが、面接など緊張した場面では声が出にくい時があります。具体的には、吃音が出ても、寛容な態度で聞いていただけるだけで十分です。吃音は2016年障害者差別解消法の対象疾患です。何卒ご理解いただきますようお願い申し上げます。

福岡市の公務員の採用試験（2018年定期募集（上級））

		第１次試験		第２次試験		
試験区分		受験者数(A)	合格者数	受験者数	合格者数(B)	競争倍率(A/B)
行政事務	行政	501	55	53	27	18.6
	福祉	25	6	6	1	25.0
	心理	12	5	5	2	6.0
行政技術	土木	71	33	32	16	4.4
	建築	18	14	11	4	4.5
	電気	33	16	15	6	5.5
	機械	22	17	15	7	3.1
	衛生管理Ａ	45	25	22	9	5.0
消防吏員Ａ		356	68	55	18	19.8
保健師		76	29	28	10	7.6

福岡市職員募集のホームページ内「平成30年度上級等採用試験等実施状況」より

5 吃音症と精神障害者保健福祉手帳の関係

２０１４年、吃音症が発達障害者支援法に含まれることがネットで広まりました。吃音症は社会モデルでの発達障害者支援法に含まれることは明らかです。しかし注意しなければならないのは、発達障害者支援法には、精神障害者保健福祉手帳を取得できるという記載がないことです。

上図には、身体障害者手帳と精神障害者保健福祉手帳の根拠となる法律を記載しています。それらの手帳の根拠となる法律は福祉法なのですが、発達障害については、独自の手帳制度を作れなかったと聞いています。そもそも、発達障害の多くは精神科医師が診ており、精神的な二次障害を合併している人も多かったので精神障害者保健福祉手帳でよいと思われていたのかもしれません。

発達障害と精神障害者保健福祉手帳の関係については、２００５年9月12日の通知にて、「発達障害」があって、なおかつ、その他の精神症状のある人がこの手帳の対象となっています。つまり、単に発達障害があるだけでは、手帳の対象とはなっていませんでした。しかし、２０１０年12月10日の法律では、発達障害者は精神障害者に含まれるというように定義されたので、２０１１年以降は、発達障害単独で、二次障害を合併していなくても精神障害保健福祉手帳を取得できたということはあります。ただ、吃音症の場合、二次障害の精神疾患名を記載した方が手帳を取得しやすくなるかもしれません。

法律と手帳の関係

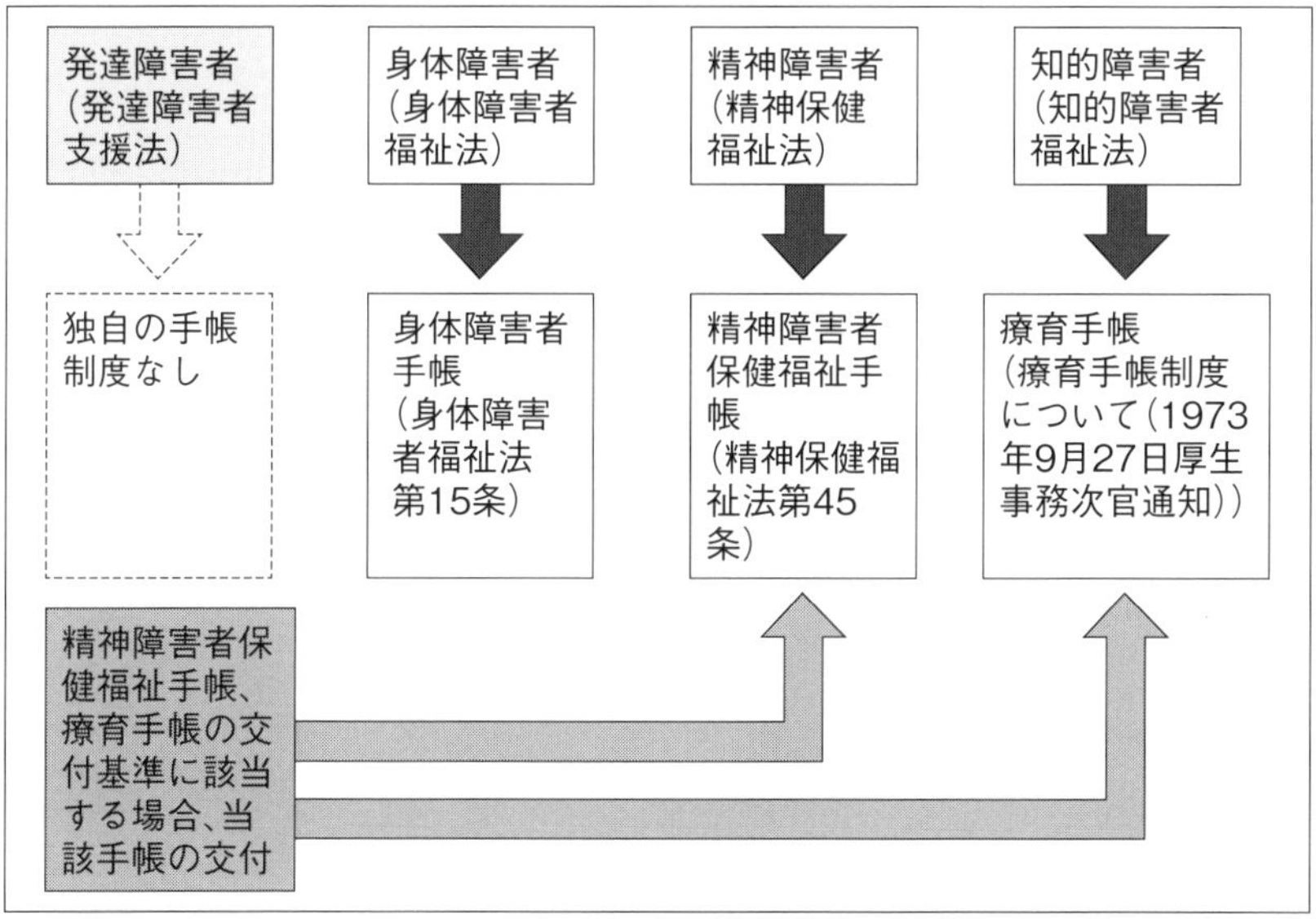

発達障がい者に対する療育手帳の交付について（概要）
http://www.soumu.go.jp/main_content/000081476.pdf を一部改変

発達障害と「精神障害者保健福祉手帳」に関する動向

１．2005年９月12日「健医発第1132号. 厚生省保健医療局長通知」
・精神障害者保健福祉手帳障害等級判定基準の説明
・７「発達障害」によるものにあっては、その主症状とその他の精神神経症状があるもの。

２．2010年12月10日「法律第71号. 障がい者制度改革推進本部等における検討を踏まえて障害保健福祉施策を見直すまでの間において障害者等の地域生活を支援するための関係法律の整備に関する法律」
・(定義) 第四条　この法律において「障害者」とは、……精神保健及び精神障害者福祉に関する法律第五条に規定する精神障害者（発達障害者支援法（平成十六年法律第百六十七号）第二条第二項に規定する発達障害者を含み……)。

３．2011年１月13日「障発0113第１号. 各都道府県知事・各指定都市市長あて厚生労働省社会・援護局障害保健福祉部長通知」
・平成22年法律第71号により改正された法第４条第１項において、発達障害者を障害者自立支援法の対象とすることが明確化されたこと等を踏まえ、精神障害者保健福祉手帳の診断書の様式の見直しを進めてきたところである。

6 精神障害者保健福祉手帳を活用し、就職した大学生

対人緊張が強く、小さいころから友達が作れなかった大学生。高校1年生では、「わかりません」という声も出ず、先生から、「早く言わないと、次に進めない」と叱責されることもたびたびあり、泣いてしまうこともあったようです。高校1年生の3学期となり、やっと先生に吃音のことを打ち明けることができました。祖母が私の吃音講演会に参加されたことがきっかけで、高校2年生のときに相談に来ました。友達、先生に理解者がおらず、高校の中退を何度も考えていましたが、なんとか高校を卒業して、大学に入学しました。希望していた大学ということもあり、友達もすぐにでき、サークルにも入り、学生生活を満喫しているようでした。

「精神障害者保健福祉手帳を取得して、障害者枠で就職したい」という希望があったため、大学3年生の3月に精神障害者保健福祉手帳を申請しました。相談できる母親には、手帳の話は前向きに受け取ってもらいましたが、祖父母は手帳の取得に反対でした。手帳を使わない就職活動の面接に、本人は不安と恐怖を非常に感じていました。ただ、精神障害者の枠で仕事を探していたところ、本社が実家と同じ県にある大手の会社を見つけ、面接を2度受けた後、無事内定を得ることができました。

吃音のある人の一番多い二次障害として、社交不安障害があります。この学生も吃音症+社交不安障害を記載することによって、手帳の認定がおりました。ただ、この精神障害者保健福祉手帳の最も面倒なところは、2年ごとに更新しなければならないことです。

診断書（精神障害者保健福祉手帳用）の主となる箇所の記載例

① 病名	（１）主たる精神障害　社交不安障害　ICD コード（F40.1） （２）従たる精神障害　吃音症　　　　ICD コード（F98.5）
② 初診日	主たる精神障害の初診年月日 診断書作成機関の初診年月日
③ 発症から現在までの病歴	発症の時期は不明だが、小学生時代、吃音が原因で級友からからかい・いじめを受けていた。転勤に伴い、高校１年生では、新しい友達を作ることができず、教室にも入れない時期があり、スクールカウンセラーに卒業まで定期的に相談していた。当院耳鼻咽喉科にＸ日初診。大学生活での発表で困難な気持ちが強く、今回、大学４年生となるので、障害者枠で就職活動をする目的で手帳の取得を希望した。
④ 現在の病状、状態像等	（１）抑うつ状態　３　憂うつ気分 （７）不安及び不穏　１　強度の不安・恐怖感
⑤ ④の病状・状態の具体的程度	LSAS-J 102点であり、重度の社交不安障害です。吃音は難発（発話開始に数秒かかる）が主であり、日常会話はできるが、緊張する場面では顕著に吃音が増悪し、発表や電話は困難です。そのため、就職活動に対して、気持ちがふさぎ気味であり、面接に対して恐怖を感じ、憂うつな心理状態です。
⑥生活能力の状態	２　生活能力の状態 （５）他人との意思伝達・対人関係　　援助があればできる。
⑦ ⑥の具体的程度、状態等	吃音症、社交不安障害のため、他人との意思伝達は困難な場合が多いです。特に、電話の場合は、吃音が顕著に出て、間違い電話と思われたりして、意思疎通がうまくできず回避的のため支援が必要です。

7 身体障害者手帳を取得して、就職につながった専門学校生

精神障害者保健福祉手帳は、精神障害の治療を行なう医師および吃音を診ている他科でも記載可能です。ただ、言語障害の身体障害者手帳は、身体障害者福祉法第15条指定医師しか記載できません。多くは耳鼻咽喉科医師です。

身体障害者福祉法の目的（第一条）を読むと、この手帳は自立や社会参加したい人のためのものであると言えます。ドイツでは、「医学的鑑定業務手引」に基づき、重度吃音者は障害認定されることになっています。私が執筆した「吃音症患者に対して身体障害者手帳を記載した2例」の論文は、「耳鼻と臨床」の雑誌に掲載していますが、そのうちのひとりを紹介します。

専門学校の2年制で調理師免許を取得しましたが、就職活動時に、学校側から「身体障害者手帳を持っていなければ、当校から就職の斡旋はしません」と何度も伝えられたそうです。仕方なく、製菓衛生師の資格を取る1年コースに進学し、そのコースでも、結局同様の手帳の話をされ困っていました。当科で吃音診療をしていることを聞き、父親と来院されました。補聴器を付けていますが、聴力検査を行なうと、右66dB、左61dBと聴覚障害6級には相当しませんでした。吃音のため、本人との会話は時間がかかり、伝えたい内容の理解が困難でした。そこで図のような診断書を記載することによって、無事、身体障害者手帳4級の認定がおりました。手帳を取得すると、学校が希望の会社に斡旋してくれて、採用が決まりました。就職後、周囲の人の理解もあり、仕事を続けられています。

身体障害者診断書の記載例

参考となる経過

・小学２年生より吃音が発症。重度吃音と難聴で補聴器装用（小学生より）のため、いじめも経験し、小中高校では、意思疎通の経験を積み上げられなかった。高校卒業後、Ａ専門学校に３年間通うも、重度吃音と補聴器をつけているために、「当学校からは就職斡旋はしない」と言われ、就職困難のため、当科初診。手帳を取得して、身体障害者枠で就職を考えている。

「音声・言語機能障害」の状態および所見

・吃音頻度 38.7%、最長吃音持続時間10秒。たった６文字の自分の名前を言い終わるまでに12秒かかる。咽喉頭の形態異常はない。診断医の菊池は吃音症の臨床経験が200名以上あるが、その中でも本人は５％以内に入るほどの重症な吃音症である。Ｘ日に再診し、同様の重症度を確認した(再現性の確認)。

総合所見

・重度吃音のため、家族との会話は可能であるが、家庭周辺において他人との言語のみを用いてコミュニケーションが成立できない状態である（４級）。

8 「国家試験の実技では配慮がないよ」と言われた専門学校生

ある母親から切羽詰まったメールが届きました。「昼は整骨院で働き、夜は柔道整復師の学校に通っている息子から、『実技のテストに合格できない。もう死にたいくらい辛い』と電話がありました。緊張からどもりもひどくなるようで、先生も吃音に気づき、『吃音が原因で落とすことはしないが国家試験では、学校のテストほどは融通がきかないぞ』と言われたそうです。」

実際に診察をすると、吃音頻度が15％程度で、確かに本番でも時間がかかりそうでした。柔道整復師の国家試験のホームページを確認すると、「7受験に伴う配慮」の項目があり、言語機能に障害を有するもので、申し出たものについては、必要な配慮を講ずることがあるという記載がありました。

専門学校と公益財団法人柔道整復研修試験財団に診断書を書いて、本人に手渡しました。すると、専門学校の先生が、「教えてくれてありがとう」と実技は5分から7分に延長となりました。彼はその合理的配慮によって、自信をもって実技を受けることができました。試験後に感謝の手紙をいただきました。

「実技の試験があり、無事に合格することができました。診断書を提出していることもあり、審査員の方々がとても親切で、『ゆっくりでいいですからね』など優しいことばかけをしていただき、実力を発揮しやすい場所になりました。人生の中ではひとつの試験にすぎないかもしれませんが、自分にとって、とても自信がつく出来事でした。色々と本当にありがとうございました。」

診断書を書くまで

・柔道整復師国家試験のホームページ
・試験の実施に関する事務は、法第13条の３第１項の規定により指定試験機関として指定された公益財団法人柔道整復研修試験財団が行う。

> ・７受験に伴う配慮
> ・視覚、聴覚、音声機能又は言語機能に障害を有する者で受験を希望するものは、平成30年12月７日（金曜日）までに公益財団法人柔道整復研修試験財団に申し出ること。申し出た者については、受験の際にその障害の状態に応じて必要な配慮を講ずることがある。

↓

「専門学校」と「公益財団法人柔道整復研修試験財団」に、診断書を書けば良いと判断

公益財団法人柔道整復研修試験財団宛ての診断書

・病名　吃音症
・附記　上記の者、Ｘ日に当院初診、吃音症と診断しました。吃音の程度は中等度ですが、調子の良いときは、流暢に話せます。Ａ専門学校の実技試験が11月Ｙ日に行なわれると聞いています。厚生労働省のホームページでも、柔道整復師国家試験において「７受験に伴う配慮」で音声機能または言語機能に障害を有する者には、その障害に応じて必要な配慮を講ずることがあると記載されています。吃音症は音声、言語機能の障害のため、配慮をよろしくお願いします。Ｂ君は本番の緊張する場面では、吃音が著明に出ます。時間的な配慮として、2016年施行「障害者差別解消法」の合理的配慮事例では、試験時間を1.3倍に延長する事例の紹介がありました。何卒ご理解、そしてご配慮をよろしくお願いします。当院では継続して、吃音診療を行ないます。よろしくお願いします。

第8章
就職

1　改正障害者雇用促進法による雇用問題

厚生労働省のホームページ「障害者の雇用の促進等に関する法律の一部を改正する法律（平成25年法律第46号）」の告示の障害者差別指針と合理的配慮指針では、手帳所有者に限定されない、と記載しているので、一般枠で雇用されている吃音者も対象範囲となります。

募集、採用、賃金、配置、昇進、降格、教育訓練などの項目に、吃音者のみを不利な条件にすることは差別に該当するとされています。また、合理的配慮は、吃音者と事業主との相互理解の中で提供されるものとし、採用時は吃音者から事業主に支障になっていることを申し出ます。採用後は、事業主から吃音者に職場で支障となっていることの有無を確認するとしています。

合理的配慮指針、第6　相談体制の整備等、4　相談をしたことを理由とする不利益取扱いの禁止の箇所に、「障害者である労働者が採用後における合理的配慮に関し相談をしたことを理由として、解雇その他の不利益な取扱いを行ってはならない旨を定め、労働者にその周知・啓発をすること」と記載されています。

つまり、吃音者が採用後に吃音のことを上司に伝えても、不利益を行なってはならないとされています。「採用前に伝えていないから、吃音の困り感をなかなか伝えられない」と心配になっている人は、合理的配慮指針にのっとり相談しても良いでしょう。

改正障害者雇用促進法
（障害者差別禁止指針）

・対象となる事業主…全ての事業主
・障害の範囲…身体障害、知的障害、精神障害（発達障害も含む）
→手帳所持者に限定されない

・募集、採用、賃金、配置、昇進、降格、教育訓練などの各項目において、障害者であることを理由に、障害者を排除することや、障害者に対してのみ不利な条件とすることなどが、差別に該当として整理

・ただし、次の措置を講ずることは、差別に該当しない
　・積極的差別是正措置として、障害者を有利に取り扱うこと
　・合理的配慮を提供し、労働能力を適正に評価した結果、異なる取扱いを行なうこと
　・合理的配慮の措置を講ずること、など

改正障害者雇用促進法
（合理的配慮指針）

・対象となる事業主…全ての事業主
・障害の範囲…身体障害、知的障害、精神障害（発達障害も含む）
→手帳所持者に限定されない

・合理的配慮は、個々の事情を有する障害者と事業主との相互理解の中で提供されるべき性質のもの
・合理的配慮の手続き
　・採用時：障害者→事業主に、支障となっている事情を申し出る。
　・採用後：事業主→障害者に、職場で支障となっている事情の有無を確認する。

2　一番困る電話の業務

吃音のある小中高校生は、音読で困ることが一番多いです（「第5章　小学校　6　音読の配慮」を参照）。社会人になると、音読をする機会は極端に減ります。時々、会社で社訓を言わなければならない場面に困る人もいますが、社会人の一番の悩みは電話といえるでしょう。吃音者の自助団体のアンケート272名分をまとめた調査では、37％の吃音者が電話で困っているという結果が出ています。実に、3人に1人の割合です。

電話練習において、下図の電話ピラミッドの図式を参考にしてください。学生時代に音読が苦手な人は、将来、電話で困ることが多くなるでしょう。音読が苦手な人は、ことばの言い換えを日常的に行なっています。ことばの言い換えを頻繁に使っている人は、言い換えられない自分の名前を言う自己紹介で困ることになります。電話は毎回自分の名前を言う自己紹介とも言えますので、それができれば、電話をかけたり、受けられる可能性は上がるでしょう。電話が苦手な吃音者には、この電話ピラミッドの話をし、電話で困っていたとしても、まずは音読や自己紹介の練習から行なうことを勧めています。

親御さんに、将来、電話で困る情報を伝えると、小中学生のときに、「本人に無理に電話をさせて経験を積んだ方がいいですか？」と尋ねられることがあります。年齢相応の課題に取り組むことが良いと答えていますが、小学校高学年、中学生などは音読や自己紹介の苦手な人がいますので、まず、その対策をしましょう、と伝えています。

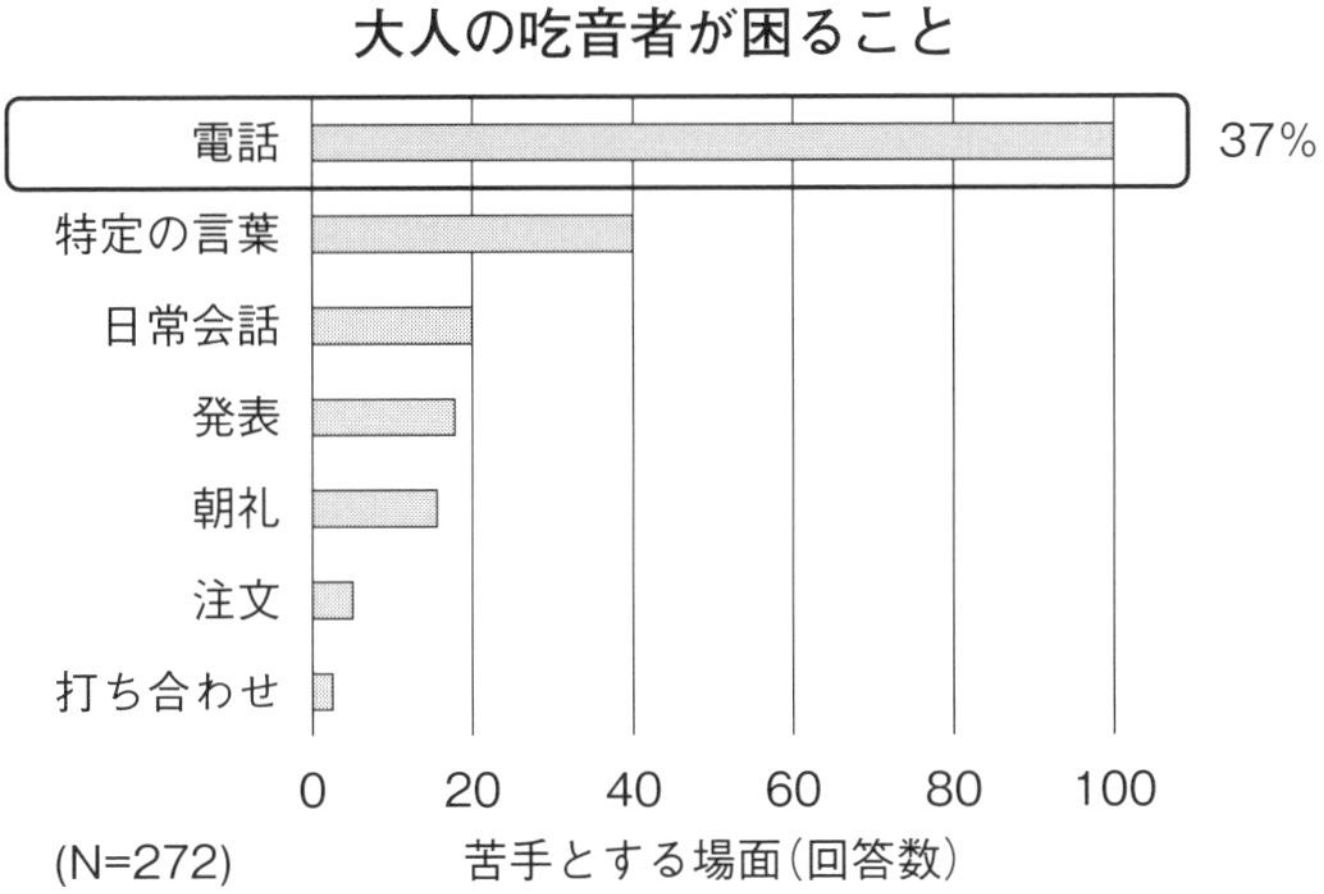

（飯村，2015）

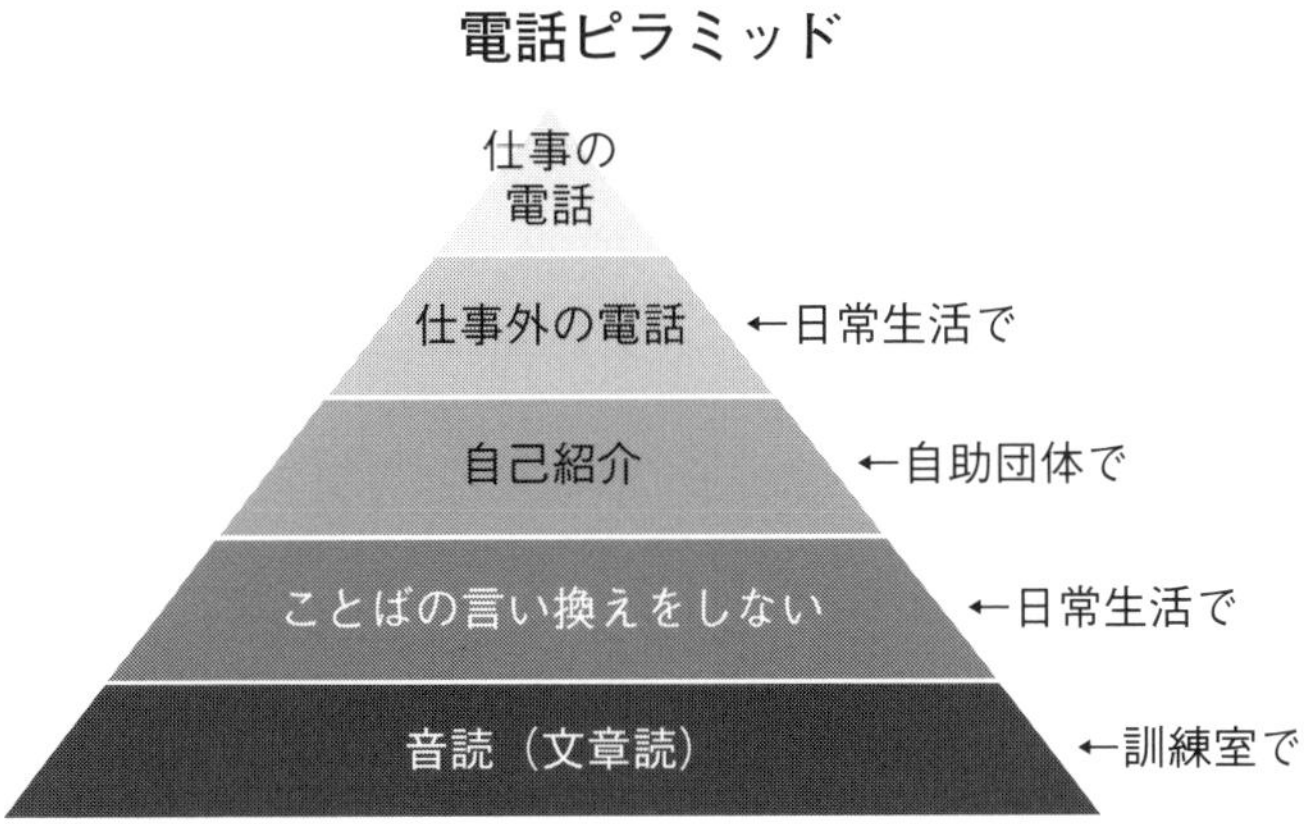

仕事での電話が一番難しい。
電話は一番最後。それ以外の避けていることに挑戦する。

3 電話の合理的配慮

前項で成人吃音者の電話の苦手さについて解説しました。吃音外来では、
「電話の呼び出し音が鳴ると、心臓が飛び出しそうなくらい動悸を感じます。それに、全身から冷や汗が出て、手が震え、吐き気も出てきます。世の中に電話がなければ、会社に行くのも苦痛ではないのに」
という人によく会います。特に、新人社員の場合は、まず電話を最初に取らないと上司に叱責される場合があります。しかし電話を取ることで難発が出てしまい、電話口の人に叱られるという2重の恐怖に、うつ状態となり、休職、退職する人もいます。

電話ピラミッドで表したように、吃音者で一番難しいことは仕事上の電話です。電話を取るのは、電話以外の仕事ができてからでもいいのではないかと思っています。電話を受けたり、かけたりすることだけではなく、それ以外の仕事に取り組むことができるように思います。

これまで、私が会社にお願いした合理的配慮の一部を左図で紹介します。仕事をしている吃音者で、吃音のことを公にせずに、ひとりで電話の悩みを抱え込んでいる人に電話免除のお願いをする場合もあります。ただ電話対応でことばがつっかえることがあっても、寛容な態度で対応してくれるだけで、十分頑張れる吃音者はたくさんいますので、身近な方々には配慮をお願いできればと思っています。

電話をかけるのは得意だけど、受けるのが苦手、そして、他の人につなぐのがさらに苦手という人

電話の合理的配慮の例

- 電話対応でことばがつっかえても、寛容な態度で温かい目で見てもらう
- 共用の固定電話を、吃音者の席には置かない
- 電話の仕事を免除
- 吃音のために、電話の受け答えがうまくできないときは、電話を替わってもらう
- 吃音の調子が悪いときは、代わりに電話をかけてもらう
- 録音音声を再生しながら、電話をかける or うける

もいます。個別対応はさまざまですが、できるだけ、本人のためになる配慮を心がけています。

「最初のことばだけ言えれば、その後はスムーズにいえるのに」という人には、スマホのボイスメモに言うべき内容を録音し、固定電話などの話口に再生して使用しても、違和感なく通じることがあり、それを活用している人もいます。

職種にもよりますが、近年、電話代行サービスの業者が増えてきています。月々の契約料を払うことで、電話を受けること、または、電話をかけることをしてくれます。１回だけの電話代行サービスはなさそうですが、個人事業主で電話対応の秘書を雇用したい場合などでは、役に立つかもしれません。

4 上司が吃音を理解してくれやすい職種

これまであらゆる職業に携わる吃音の人を多く見てきました。教師や営業、アナウンサーになった人もいます。ただ、「吃音者はどんな仕事もできるから、君も頑張ればなんでもできる」という考え方は極端であり、その人の吃音の状態、性格を考慮して、どんな仕事が向いているのかを一緒に話し合うことにしています。

仕事が長続きする、長続きしないことの要因はいくつかありますが、吃音者の場合は、上司や同僚の吃音への理解が大きく左右するでしょう。これらについて研究をしている人は少ないのですが、専門・技術職と事務職（その他の職業は対象者数が少ないので、省いています）の上司の吃音への理解の割合を左図に示します。

専門・技術職の63％は吃音が理解されることに対して、事務職の75％は吃音が理解されない結果となりました。事務職の場合はデスクワークが主であり、電話対応も専門・技術職と比べて多いことも関係するように思います。この結果の解釈を考えるときに、吃音があることを、カミングアウトしている人の割合が55％なので、きちんと話をしたら配慮を受けられる場合もあるかもしれません。小中高校生でカミングアウトを迷っている人は、ひとつのデータとなるでしょう。

また、専門・技術職のような職特有の専門的知識や技能が求められる職業では、個人の専門的技能が重要になり、吃音は相対的に大きな問題とならない可能性があります。

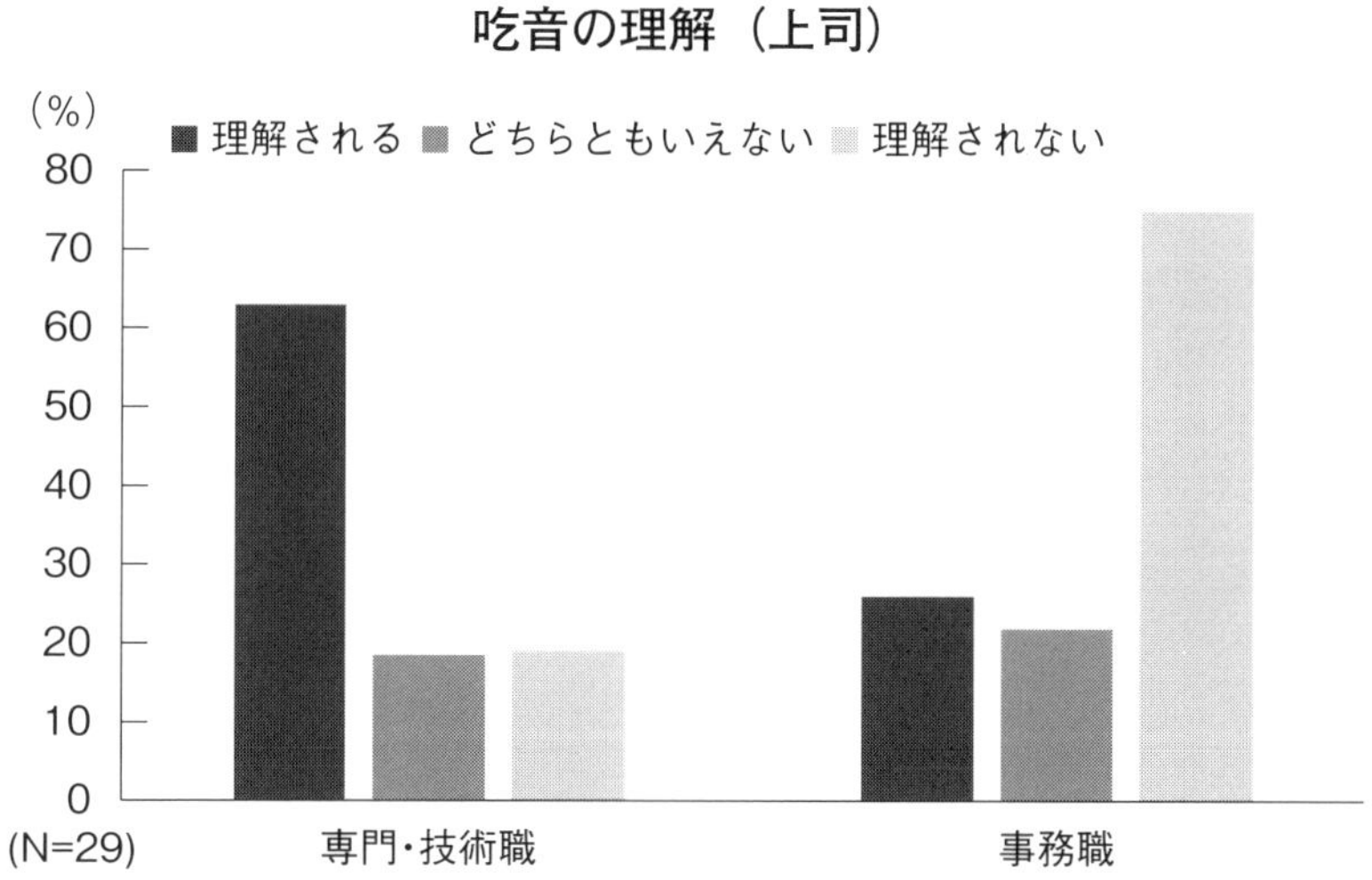

（飯村，2016）

また、飯村（２０１６）の論文では、吃音があることをカミングアウトした方が、カミングアウトしていない人と比較して、同僚や上司は吃音を理解してくれる結果となっていました。

配慮としては、「ことばが出るまで待つ」「吃音を理解する」という吃音者の特性的な面の理解を望んでいるといえるようです。

巻末資料1

啓発資料

●幼稚園・保育園の先生への資料の使用法

2歳から5歳は吃音の好発年齢であり、保育園や幼稚園に通園しているときに発症し、保護者だけではなく、園の先生も驚くことがあります。園の先生が罪悪感をもってしまうため、必死に治そうと、言い直しをさせるケースもあるようです。

また、園の先生の吃音に対する知識が古く、「吃音は家庭でのしつけの問題、愛情不足のあらわれ」と誤解している場合もあり、口頭で、「うちの子、吃音があります」とことばで伝えても、予想外の対応をされる場合があります。

園の先生に吃音のことを伝えるときは、左図の資料をコピーして伝えることを私は勧めています。園の先生が熱心な場合は、本書や『子どもの吃音　ママ応援ＢＯＯＫ』（学苑社）を紹介してもよろしいように思いますが、先生は忙しいので、最低限の情報を詰め込んでいるこの資料を渡すだけでも充分です。

また、園の先生だけではなく、子どもが接する全ての大人にこのプリントを渡すことをお勧めします。園での対応は問題ないのですが、習い事で、吃音が誤解されている話を時々聞きます。吃音に伴う他の園児からのからかいは、5歳を過ぎてから生じることがあります。2、3歳の子によるからかいは少ないのですが、周囲の大人には早めに吃音の知識を知ってもらうと良いでしょう。

幼稚園・保育園の先生へ

吃音（きつおん：どもり）は、２～５歳の100人のうちの５人（20人に１人）の割合で発症しますが、その約４割は３歳時健診以降に始まります。そのため、幼稚園・保育園の先生が相談される割合が多いでしょう。発症して、３年で男児は約６割、女児は約８割自然回復すると言われます。小学校入学時には、100人に１人の割合と吃音症は減少しますが、からかい・いじめ防止のために、園から小学校の先生に吃音があることを申し送る必要があります。2016年から「障害者差別解消法」が施行されました。吃音症は言語障害、発達障害に含まれ、その対象疾患です。吃音は歌や２人で同じことばを言うときに、吃音が消失するために、発話のタイミング障害とも言えます。「基礎的環境整備」と「合理的配慮」について、以下に示します。

基礎的環境整備（園と保護者の共通理解）	原因	・園の関わり、ストレスが、吃音の発症の原因とはなりません。 ・母親の育児方法（しつけ）、愛情不足が発症の原因ではありません。 ・吃音は急に（１～３日）で発症するパターンが最も多いです。 ・吃音になりやすい体質の子が発症します。
	治療	・確立された治療法はありません。男児より女児が自然回復しやすいです。
	対応	①吃音のからかい（真似、指摘、笑い）をやめさせます。 ②話し方のアドバイス（ゆっくり、落ち着いて、深呼吸してなど）はしません。 ③話すのに時間かかっても待ちます（園児は話したい意欲があるため）。 ④母親のケアも必要です。ネットに書いてある情報は、さまざまな情報が混在しており、罪悪感をもってしまうためです。 ⑤必要があれば、言語聴覚士または臨床心理士などに相談します。
合理的配慮の例	劇・発表会	・「吃音があるから」という理由だけで、セリフを与えないのは、不当な差別的取扱いに相当します。吃音があっても、主役をしたい園児はいます。 ・「待つ＋ほめる」で対応し、自分でセリフを選んでもらいましょう。２、３人で言うセリフや、歌だとどもりませんが、本人の希望を重視しましょう。
	からかい	・真似、指摘、笑いの場面に遭遇したら、先生が説明します。 ・本人や保護者から相談があったら、個別に対応または、全員の前でからかいをやめるように伝えます。

吃音の説明のロールプレイ

先生「〇〇くんは、ことばを繰り返したり、
　　つまったりすることがあるけど、それを真似したり、
　　からかわないように。もし真似する人がいたら、先生まで教えてね」
幼児「なんで、真似してはいけないの？」
先生「わざとしている訳ではないから」
幼児「うん」とうなづく。（先生はほめてあげる）

先生のひと言が非常に効果があり、子どもは助かります。

出典：菊池良和『吃音の合理的配慮』学苑社

●小学校の先生への資料の使用法

保育園・幼稚園の先生と同じく、わが子に接する全ての大人にプリントで渡すことをお勧めします。一日を一番長く過ごす小学校での対応は重要です。

吃音の問題が生じるときは、環境が変わり、聞き手が変わったときです。小学校での吃音へのからかい・いじめを心配する保護者にできることは限られますが、あらかじめ対応のポイントを教えています。

年長10月、11月ころの就学前健診のとき、年長2月の体験入学で、発達相談などのコーナーがある場合は校長先生が対応してくれる場合があり、プリントをコピーして持参していくと良いと思います。学童に預ける場合は、4月1日に学童の先生にプリントを渡すと良いでしょう。入学式に伝える保護者もいれば、4月の授業参観日の後の保護者懇談会で他の保護者に配布している方もいます。

「小学校に入ったら、いじめられないか？」と漠然と不安を感じているかもしれませんが、からかい・いじめを受けるのは、同じクラスの児童が多いです。吃音のいじめ予防に一番必要なのは、わが子が吃音のからかいを受けているときに、気づいて、守ってくれる友達の存在です。そのような友達を作るためには、全ての大人が、吃音のある児童の接し方を理解していることが大事ですし、大人が間違った対応をすると、児童も間違った対応をするものです。

小学校の先生へ

吃音（きつおん：どもり）は、100人のうち１人の割合で吃音症の児童がいると言われています。2016年「障害者差別解消法」が施行されました。吃音症は言語障害、発達障害に含まれ、その対象疾患です。歌や２人で同じことばを言うときに、吃音が消失するために、発話のタイミング障害とも言われています。また、吃音が生じるのは、語頭が90％以上であり、最初に２人読みをすると発話可能となる場合があります。吃音の治療法は確立されていないために、吃音の「基礎的環境整備」と「合理的配慮」が重要となります。よろしくお願いいたします。

吃音の症状（難発を知らない人が多い）	連発	「ゆっくり」「深呼吸して」「落ち着いて」のアドバイスはしないでください。 真似や指摘、笑いが生じやすいです。
	難発	「なんでそんな話し方するの？」と指摘を受けます。 先生に「漢字が読めない」「宿題をしていない」と誤解を受けることがあります。 本人や家族も、連発から難発に変化することを知らないことがあります。
	随伴症状	難発のときに、一緒に生じやすいです。顔や舌に力が入り、手や足でタイミングを取る行為をしますが、それを注意せずに、話の内容に注目してください。
	内面	「自分ひとりだけ」「つっかえる自分が悪い」と自分を責めてしまう子がいます。
基礎的環境整備（学校と保護者の共通理解）	①吃音のからかい・いじめ（真似、指摘、笑い）をやめさせます（基礎８）。 　少しの真似や笑いでも、吃音のある児童は、嫌な気持ちになります。 ②話し方のアドバイス（ゆっくり、落ち着いて、深呼吸してなど）はしません（基礎７）。 ③話すのに時間かかっても待ちます（話したい意欲を育てるため）（基礎７）。 ④吃音のことをオープンに話します。「どう支援しようか？」と疑問に思ったら、直接尋ねます。 「吃音は触れない・意識させない」という情報は解決につながりません（基礎１）。 ⑤必要があれば、ことばの教室の教諭、または言語聴覚士会に相談します（基礎２）。	
個々の吃音に応じた合理的配慮の例	発話意欲の対策	・吃音のため、授業中の発表で発表しない、授業参観日で発表しない、友達に話しかけられない児童がいます。先生が気づくだけで、児童は元気になります。
	音読・号令	・２人で声を合わせると、流暢に言えることが多いです。 ・最初だけ、先生が声を合わせて、手伝う方法もあります。
	発表	・笑う児童がいたら、注意します（発話意欲の減退の防止）。 ・発表が怖いことを、先生が理解するだけで、本人が安心します。
	学習発表会（劇）	・「吃音があるから」という理由だけで、セリフを与えないのは、不当な差別的取扱いに相当します。吃音があっても、主役をしたい児童はいます。自分でセリフを選んでもらうことや２、３人で言うセリフ配慮を望む児童はいます。
	九九	・時間制限を設けない方法で試験をします。
	二分の一成人式卒業式	・本人が不安に思うか、尋ねてみましょう。先生が気にかけてくれるだけで、頑張れる子がいます。

吃音の説明のロールプレイ

先生「○○くんは、ことばを繰り返したり、
　　つまったりすることがあるけど、それを真似したり、
　　からかわないように。
　　もし真似する人がいたら、先生まで教えてね」
児童「なんで、真似してはいけないの？」
先生「わざとしている訳ではないから」

先生のひと言が
非常に効果があり、
子どもは助かります。

出典：菊池良和『吃音の合理的配慮』学苑社

●学校における吃音の合理的配慮（3観点11項目）資料の使用法

この資料は、「第5章　小学校　3　学校における吃音の合理的配慮（3観点11項目）について」で紹介しました。文部科学省の障害者差別解消法に基づく考えは、平成27年11月26日に、27文科初第1058号「文部科学省所管事業分野における障害を理由とする差別の解消の推進に関する対応指針について（通知）」で説明しています。

「障害のある幼児、児童及び生徒に対する合理的配慮の提供については、中央教育審議会初等中等教育分科会の報告に示された合理的配慮の考え方を踏まえて対応することが適当」と示されているように、障害者差別解消法には具体的な対応の記載がなく、「中央教育審議会初等中等教育分科会の報告」を確認すると良いと記載されています。このように、学校現場での合理的配慮については障害者差別解消法に記載していませんので、中央教育審議会初等中等教育分科会報告の「共生社会の形成に向けたインクルーシブ教育システム構築のための特別支援教育の推進（報告）」を詳しく読む必要があります。

特別支援学校やことばの教室の教諭、担任の先生が個別の教育支援計画を作成するための資料として活用ください。

【学校における吃音の合理的配慮（３観点11項目）】

個別の教育支援計画を作成する参考資料。
支障（バリアー）となる場面　□音読　□健康観察　□自己紹介　□発表　□号令　□かけ算の九九
□日直（司会、スピーチ）　□学習発表会・劇　□二分の一成人式　□卒業式　□（　　　　　　　　　　　　　　　　）

①教育内容・方法	①－１　教育内容	
	①－１－１　学習上又は生活上の困難を改善・克服するための配慮	話すことに自信をもち積極的に学習などに取り組むことができるようにするための発表の指導を行なう（一斉指導または、個別指導による音読、九九の発音などの指導）。自分の吃音を他人に説明できるよう自己理解の指導を行なう（真似、指摘、笑い）。
	①－１－２　学習内容の変更・調整	流暢に話せないことを考慮した学習内容の変更・調整を行なう。教科書の音読の評価方法の変更（句読点を意識など）、かけ算の九九の制限時間の変更（書くことによる代替など）、二分の一成人式や、卒業式での点呼（「はい」と答える）や発表での時間的余裕の確保などの個別的な指導。学習発表会でのセリフの時間的余裕の確保や、集団での声を合わせるなどの教育指導。
	①－２　教育方法	
	①－２－１　情報・コミュニケーション及び教材の配慮	特になし
	①－２－２　学習機会や体験の確保	吃音があることによる自信の喪失を軽減するために、発表、音読、九九などでの発話時に、発話行為に対してほめることにより、成功体験を経験する。また、学習発表会、二分の一成人式、卒業式なども吃音のある児童生徒と話し合う。
	①－２－３　心理面・健康面の配慮	吃音のある児童生徒などが集まる交流の機会の情報提供を行なう。成功体験を増やし、友達から認められる機会の増加に努める（良い面を認め合えるような受容的な学級の雰囲気作りなど）。
②支援体制	②－１　専門性のある指導体制の整備	ことばの教室の通級による指導の専門性を積極的に活用する。また、言語聴覚士（ST）などとの連携による指導の充実を図る。
	②－２　幼児児童生徒、教職員、保護者、地域の理解啓発を図るための配慮	吃音の理解、本人の心情理解などについて、周囲の児童生徒、教職員、保護者への理解啓発に努める。希望があれば、学校でのカミングアウトの機会を設ける。担任が交代する場合は、吃音の配慮を申し送る（移行支援）。
	②－３　災害時等の支援体制の整備	災害時に、自分の名前を言えない場合があるために、自己紹介カードの作製や、安否を伝える方法などを取り入れた避難訓練を行なう。
③施設・設備	③－１　校内環境のバリアフリー化 ③－２　発達、障害の状態及び特性等に応じた指導ができる施設・設備の配慮 ③－３　災害時等への対応に必要な施設・設備の配慮	特になし

（参考資料）中央教育審議会初等中等教育分科会「共生社会の形成に向けたインクルーシブ教育システム構築のための特別支援教育の推進（報告）」

出典：菊池良和『吃音の合理的配慮』学苑社

●中高校生の先生への資料の使用法

小学校に上がるときは、他の児童からいじめられないか、という不安が保護者にはあるとは思いますが、中学生では他の生徒からのいじめは減ります。では、吃音のある中高校生は吃音で困らなくなるのか、というと、中学生以上は、吃音に対する無理解な先生で困ることが多くなります。

授業中に音読を当てられ、なかなか最初のことばが出ないと、「こんな漢字が読めないのか」と軽蔑され能力を過小評価された生徒がいます。発表でどもっていると、先生が吃音をからかう場合もありました。「吃音は訓練で治せる」と勘違いし、本人がストレスを感じているにもかかわらず毎回の授業で当ててしまう先生に悩まされることもあります。ひとりずつに反省を言わせる部活の反省会で、反省を早く言うことができずに怒られてしまい、部活を辞めてしまった生徒もいます。

「第6章中学校・高等学校　1　中学・高校入試の面接試験における配慮」で書きましたが、中学・高校で面接がある場合に、2016年以降は合理的配慮の提供が義務となりましたので、吃音について事前に進学先へ伝えることも有効となっています。

このプリントだけで良い場合と、万が一医師の診断書の添付が必要な場合は、129ページの資料を活用して、医師に診断書を書いてもらうのもひとつの手だと思います。

中高校生の先生方へ（吃音の情報）

吃音（きつおん）とは

吃音は2016年施行の「障害者差別解消法」の対象疾患です。生徒の100人に１人は吃音があります。幼少時は連発（ぼぼぼぼくは……）が主ですが、中高校生では難発（最初の一音がなかなか出ない）の吃音が主となります。流暢に話せる時間が多く、どもってしまうときが少ないので、先生に伝えても「気づかなかった」と言われる場合が多いです。普段流暢に話していても、電話や発表、普段の会話時に最初のことばが数秒出なくても（どもってしまっても）、注意せず、ビックリせず、笑わずに、話の内容に注目してください。

吃音は同じことばを２人で言うとどもらないという特徴もあります。吃音のある生徒は、「吃音があることを知ってほしい」「最後まで話すのを待ってほしい」「ゆっくり・落ち着いてのアドバイスは不要」という配慮だけでも十分に思う学生はいます。「教職員のための障害学生の就学支援ガイド」（日本学生支援機構）を参考に合理的配慮の例を作成しました。不当な差別的取り扱いの禁止と、合理的配慮の提供をよろしくお願いいたします。

高校入試・学校生活の悩み

1．面接で吃音が出ることで、減点されないか心配。
2．音読・発表で、声がなかなか出ない難発の吃音が出て、不勉強・反抗的と思われないか心配。

支障（バリア）となる場面

□音読（国語・英語・社会）　□自己紹介　□発表　□日直・号令
□卒業式・立志式　□職員室で自分・先生の名前を言うこと　□（　　　　　）

支援が必要な場面	困難さ	考えられる支援
入学試験	面接時「失礼します」「自己紹介」など、流暢に言えない	時間的な余裕の確保／寛容な聞き手の姿勢
学習支援	出席、卒業式の点呼に「はい」ということばが言えない	挙手で確認／返答する時間的な余裕の確保
	授業中の発表（音読、英語スピーチを含む）に時間がかかる	時間的な余裕の確保／録音音声の使用／担当教員との配慮の確認
英検・GTEC	面接・スピーキング試験が心配	英検 HP「障がい者に関する特別措置要項」／GTEC も配慮あり（74ページ参照）
部活	他生徒から笑われる、とっさの声かけができない、審判が苦手	笑わないように指導、声が出なくても叱責しない、審判を他の生徒に変更
生活支援	友人が作れない	心理カウンセリング／学外連携*を活用
面接支援	就職・進学の面接が怖い	面接の練習（吃音が出ることを前提に）

＊学外連携：各都道府県の言語聴覚士会、NPO 法人全国言友会連絡協議会、小中高校生の吃音のつどい、うぃーすたプロジェクト（関東、東海、関西など）。

出典：菊池良和『吃音の合理的配慮』学苑社

●大学などへの資料の使用法

現在は大学などでも保護者が吃音のことを伝えることができます。障害者差別解消法の合理的配慮が最も進んでいるのは、国立大学です。入学後、合理的配慮を希望する場合は、「第7章 大学・専門学校 1 相談できる専門部署」で、述べた部署などに提出すると良いと思います。

受験の際に面接がある場合は、願書と一緒に同封するか、診断書も一緒に同封した方が良いのかは、受験大学に問い合わせてみてください。

以前、吃音外来に来た人で、大学1年生の授業開始時、出席点呼の「はい」の返事ができないため、欠席扱いされ、その後も「はい」ということばが言えず、大学を自主退学した人がいました。

「吃音外来とは人生の選択肢を増やすこと」

と常々私が思っています。

「大学生となれば、全部ひとりで頑張りなさい」という姿勢ではなく、「大学でも吃音の配慮を受けられるけど、どうする?」という選択肢を教えてあげてください。

吃音のある学生が在籍する大学などの教職員の皆さまへ

吃音（きつおん）とは

人口の100人に１人はいます。連発（ぼぼぼぼくは……）だけではなく、難発（最初の一音がなかなか出ない）の吃音もあり、難発の吃音に対して、悩むことが多いです。吃音は歌ではどもらない、同じことばを２人で言うとどもらないという特徴もあります。人により異なりますが、普段流暢に話せていても、電話や発表、普段の会話時にどもることがあります。そのときは、ビックリせず、笑わずに、話の内容に注目してください。吃音は、2016年施行の「障害者差別解消法」の対象となっています。吃音のある学生は、「吃音をもっていることを知ってほしい」「最後まで話すのを待ってほしい」という配慮だけでも十分に思う学生もいます。「教職員のための障害学生の就学支援ガイド」（日本学生支援機構）を参考に合理的配慮の例を作成しました。不当な差別的扱いの禁止と、合理的配慮の提供をよろしくお願いいたします。各大学の支援室（バリアフリー支援室、障がい学生支援ルーム、アクセシビリティセンターなど）と連携をとっていただけると助かります。

合理的配慮の例

※以下のような場面で困難が生じていないか、吃音のある学生と話し合う機会をもって頂けると助かります。

支援が必要な場面	困難さ	考えられる支援
入学試験	面接時「失礼します」「自己紹介」など、流暢に言えない	時間的な余裕の確保／寛容な聞き手の姿勢
学習支援	出席の点呼に、「はい」ということばが言えない	挙手での確認／返答する時間的な余裕の確保
	授業中・少人数ゼミの発表（音読を含む）に時間かかる	時間的な余裕の確保／録音音声の使用／担当教員との直接対話
	発表（研究発表時、パワーポイント使用）	時間的な余裕の確保／読み原稿をパワーポイントに表示しながら発表
	グループでの実習・実験活動	グループメンバーに協力を依頼／担当教員との直接対話
学生生活支援	友人が作れない、引きこもってしまう	心理カウンセリング／学外連携*を活用
就職支援	履歴書・エントリーシートを書く手伝いをしてほしい	就職ワークショップなどの紹介／個別に履歴書の書き方を指導する
	面接が怖い	面接の練習（吃音が出ることを前提に）
	就職が決まらない	地域の障害者職業センター、ハローワークなど外部リソースとの連携

＊学外連携：各都道府県の言語聴覚士会、NPO 法人全国言友会連絡協議会、うぃーすたプロジェクト（関東、東海、関西）など。

出典：菊池良和『吃音の合理的配慮』学苑社

●医療福祉系大学などの資料の使用法

大学・専門学校でも医療福祉系の学科では外部実習があり、ある程度困難となりうる場面がわかってきています。

吃音がない人でも外部実習は大変です。実習に伴う配慮について追記している所が、「吃音のある学生が在籍する大学などの教職員の皆さまへ」の資料との一番の違いです。

医療福祉系の専門資格は、医師、歯科医師、薬剤師、看護師、理学療法士、作業療法士、視能訓練士、義肢装具士、言語聴覚士、臨床検査技師、臨床工学技士、診療放射線技師、歯科衛生士、歯科技工士、あん摩マッサージ指圧師、はり師・きゅう師、柔道整復師、スポーツトレーナー、救急救命士、介護福祉士、社会福祉士、児童福祉士、精神保健福祉士、医療秘書、医療事務などがあります。

入学前、入学後に伝えた方が良いときにお使いください。あとで伝えるよりも事前に伝えた方がよいでしょう。

医療福祉系大学などの教職員の皆さまへ

吃音（きつおん）とは

人口の100人に１人はいます。連発（ぼぼぼぼくは……）だけではなく、難発（最初の一音がなかなか出ない）の吃音もあり、難発の吃音に対して、悩むことが多いです。吃音は歌ではどもらない、同じことばを２人で言うとどもらないという特徴もあります。人により異なりますが、普段流暢に話せていても、電話や発表、普段の会話時にどもることがあります。そのときは、ビックリせず、笑わずに、話の内容に注目してください。吃音は、2016年施行の障害者差別解消法の対象となっています。吃音のある学生は、「吃音をもっていることを知ってほしい」「最後まで話すのを待ってほしい」という配慮だけでも十分に思う学生もいます。「教職員のための障害学生の就学支援ガイド」（日本学生支援機構）を参考に合理的配慮の例を作成しました。不当な差別的扱いの禁止と、合理的配慮の提供をよろしくお願いいたします。各大学の支援室（バリアフリー支援室、障がい学生支援ルーム、アクセシビリティセンターなど）と連携をとっていただけると助かります。

吃音のある言語聴覚士の支援・配慮が必要と感じている順は以下の通りです（飯村他, 2017）。
①外部実習、②検査演習、③報告会等・発表、④授業、⑤入試、⑥対人関係、⑦学習

合理的配慮の例

※以下のような場面で困難が生じていないか、吃音のある学生と話し合う機会をもって頂けると助かります。

支援が必要な場面	困難さ	考えられる支援
入学試験	面接時「失礼します」「自己紹介」など、流暢に言えない	時間的な余裕の確保／寛容な聞き手の姿勢
学習支援	発表（研究発表時、パワーポイント使用）	時間的な余裕の確保／読み原稿をパワーポイントに表示しながら発表／録音音声の使用／担当教員との直接対話
	グループでの実習・実験活動	グループメンバーに協力を依頼／担当教員との直接対話
検査演習・発表	特定の用語・文章が言えない	教示時間の延長（1.3倍など）／ことばの変更の容認／口頭以外（録音音声、筆談など）の教示方法の容認
外部実習	最も不安で緊張する	実習指導者への配慮の説明／実習指導者による多職種への配慮依頼
学生生活	吃音の悩みを相談したい	学外連携*も活用
就職支援	面接が怖い	就職先への吃音の支援依頼

＊学外連携：各都道府県の言語聴覚士会、NPO 法人全国言友会連絡協議会、うぃーすたプロジェクト（関東、東海、関西）など。

出典：菊池良和『吃音の合理的配慮』学苑社

●企業への資料の使用法

吃音の啓発には、家庭・学校・社会の3つが必要と考えています。この中で一番難しいのは、社会参加するときの配慮です。国や地方公共団体では合理的配慮は義務ですが、民間企業では努力義務となっています。

吃音のある人が合理的配慮を申し出たとき、企業が参考となる資料を作成しました。面接時だけではなく、採用後も配慮が必要となりますので、配慮が必要な場面における合理的配慮の例を示しています。

吃音者は、就職活動時、そして就職してから1、2年の間は表面上の吃音が多くなります。自信がないことに加えて、慣れない専門用語を使わなければならないこともあるからでしょう。

できるだけ仕事を長く続けられることが、転職しても採用される可能性が高まります。また、長年働いて、職場環境が安定すると、吃音は当初より軽減してきます。企業に吃音者を過小評価しないでほしいとのメッセージを入れています。

吃音のある人を雇用する企業の皆さまへ

吃音（きつおん）とは

人口の100人に１人はいます。連発（ぼぼぼぼくは……）だけではなく、難発（最初の一音がなかなか出ない）の吃音もあり、話し始めに症状が出ることが多いです。吃音は歌ではどもらない、同じことばを２人で言うとどもらないという特徴もあります。人により異なりますが、普段流暢に話せていても、電話や発表、普段の会話時にどもることがあります。そのときは、ビックリせず、笑わずに、話の内容に注目してください。吃音のある人は、「吃音をもっていることを知ってほしい」「最後まで話すのを待ってほしい」という配慮だけでも十分に思う人もいます。吃音は、2016年に施行された改正障害者雇用促進法の対象となっています。そのために、募集・採用時、採用後に不当な差別的扱いの禁止と、合理的配慮の提供をお願いします。

支障となる可能性がある場面

□自己紹介　□電話（うける）　□電話（かける）　□号令
□発表　□社訓の読み上げ　□申し送り（報告）　□館内放送
□（　　　　　　　　　　　　　　　　　　　　　　）

合理的配慮の具体例

募集・採用時	・面接時に吃音が出ても、時間的余裕をもたせ、うなづく態度をします。 ・面接時に吃音が出ても、話の内容に注目し、話したことばを繰り返すと、次のことばが出やすいです。 ・面接開始時に、吃音のことを伝えていなくても、吃音がはっきり出るようであれば、「吃音がありますね。ゆっくり、どうぞ」と、こちらが理解したことを伝えます。
採用後	・自己紹介のときに、吃音が出ても笑わず、寛容な態度で聞きます。 ・新人研修の際、吃音が出て流暢にいかなくても、叱るのではなく、寛容な態度で接します。 ・会話時に吃音が出ても、話の内容に注目し、話したことばを繰り返すと、次のことばが出やすいことがあります。 ・「ゆっくり」「落ち着いて」「深呼吸」というようなアドバイスは、プレッシャーとなりますので、控えます。 ・社訓、号令など、決まりきったことばを言うことが、難しいこともあります。最初のことばを２人で言うと流暢に言えます。 ・電話・館内放送が一番難しいです。困難に思っている場合は、援助いただけると嬉しいです。（例；代わりに電話、メール、FAX など） ・吃音のある人は、経験（約３年）を積んで自信がつくと、吃音が減少し、流暢に話せる時間が長くなります。特に入社１、２年はほめて伸ばしてください。 ・これらの合理的配慮は、吃音のある人と直接対話（相互理解）の中で提供されることが望ましいです。

出典：菊池良和『吃音の合理的配慮』学苑社

●医師への診断書作成のお願い資料の使用法

子どもが小さいときは頻回に行っていた小児科や耳鼻咽喉科も年齢が上がるにつれ、あまり病院にかからなくなる人が多くなります。

２０１６年から障害者差別解消法が施行され、合理的配慮の提供の概念は広がりつつありますが、学校や英検から、「合理的配慮を受けるならば、医師の診断書が必要です」と言われることがあります。試験直前に、吃音外来をしている病院を探しても、すぐには診られないと言われ、困ってしまう親子もいました。

医師の診断書は、かかりつけ医でも可能ですが、吃音の配慮の診断書を書いたことがない先生たちが多いと思います。そのため、診断書の例文を書いたプリントを作成しました。このプリントを参考にすれば、インフルエンザワクチンを打ってもらっている内科でも書くことは可能だと思います。書いてくれる医師がどうしても見つからないとき、学校の校医の先生に診断書を書いてもらい、大学受験に間に合った学生もいました。

従来、小児科の対象年齢は中学生まででしたが、２００６年4月に日本小児科学会は「小児科医は子ども達が成人するまで見守ります」という運動を全国的に展開し、学会のホームページに提言を載せています。15歳から20歳の方も気軽に小児科を受診してください、と積極的な姿勢を打ち出しています。

この資料で吃音に理解のある医師が増えることを期待しています。

診断書（高校・大学受験面接、英検・GTEC）作成のお願い

医師　菊池良和

このたびはお世話になります。吃音症は100人に１人にある言語障害です。吃音症は幼少期から発症し、継続的に支援できる機関が少ないため、高校入試、大学入試、英検試験前に貴院を受診することになったと思います。

吃音症は面接試験に不安や恐怖を感じやすく、吃音が顕著に出現しやすいため、面接官に能力を過小評価されがちです。2016年施行「障害者差別解消法」の対象疾患に吃音症が含まれており、医師の診断書があれば、合理的配慮がされます。御多忙中大変申し訳ありませんが、合理的配慮を受けるための、診断書作成をよろしくお願いいたします。

別紙については、拙書『吃音の合理的配慮』内の「中高校生の先生方へ（吃音の情報）」「吃音のある学生が在籍する大学などの教職員の皆さまへ」「医療福祉系大学などの教職員の皆さまへ」の資料で、本人または家族が用意しているとは思います。

なお、吃音症患者は、診察時、約半数の人が流暢に話すため吃音があるとわからないことがあります。それは成長の代償行動として、吃音を出さない工夫を自然と身につけていることが多いためです。診察時どもっていなくても、場面が変わると吃音が出ますので、ご支援よろしくお願いいたします。

以下、診断書の記載例です。参考にしていただけると幸いです。

・高校（大学）入試面接

（文例）本患者はＸ年Ｘ月Ｘ日当院初診。Ｙ歳頃より吃音症が発症し、高校（大学）入試の面接に対して不安を感じているために、別紙の通り、合理的配慮をよろしくお願いいたします。

・英検（GTEC）

（文例）本患者はＸ年Ｘ月Ｘ日当院初診。Ｙ歳頃より吃音症が発症し、英検（GTEC）のスピーキングに対して不安を感じているために、合理的配慮（発話への配慮）をよろしくお願いいたします。

ご不明な点がございましたら、菊池良和 kiku618@gmail.com　までご連絡ください。

出典：菊池良和『吃音の合理的配慮』学苑社

巻末資料2

学校でのいじめを防止する法律

２０１３年9月28日に、いじめ防止対策推進法が施行されました。吃音のある子の保護者は、「吃音でいじめにあわないか？」と心配することは、正しい直観だと思います。この法律でのいじめの定義は第二条に記載されていますが、「いじめとは、児童等が心身の苦痛を感じているものをいう。」とのことです。吃音のある児童は、大きく3つの行為を受けます。①真似される、②「なんで、そんな話し方するの？」と指摘される、③笑われる。年中の5歳くらいからこの3つのことをされて、「嫌だな」と感じ始めます。そのため、小学校に入学した児童がこのような行為をされている場合は、いじめ防止対策推進法の対象となると思います。統計的には、吃音のある児童は60％の確率で、この法律での「いじめ」にあいます。クラスメートは、当初は悪気がなく、気づいたからそのような行為をしているかもしれませんが、「吃音のある児童の話の聞き方」を大人は教えなければならないでしょう。学校現場では、先生の発言が絶対的な影響力をもちますので、先生の協力は必要不可欠です。

大人になった吃音者から、

「クラスメートに吃音を真似され、笑われるのが当たり前でした。当たり前だから、『嫌だ』『やめて』と言うなんて思いつかなかった」

ということを多く聞きます。からかっていた児童は、単純に吃音のある子の接し方を知らなかっただけかもしれません。私は日本の教育の力を信じています。未然にいじめを防ぐことはできるのです。もし、いじめが発生したならば、それは子どもたちのせいではなく、我々大人の責任といえるでしょう。

学校によりいじめ調査のアンケートの頻度は異なります。学期に1回行なっている学校もあれば、毎月いじめ調査のアンケートをしている学校もあります。

この「いじめ防止対策推進法」で大切だと私が感じている部分に傍線をひいています。

いじめ防止対策推進法（平成二十五年法律第七十一号）

http://www.mext.go.jp/a_menu/shotou/seitoshidou/1337278.htm

第一章　総則

（定義）

第二条　この法律において「いじめ」とは、児童等に対して、当該児童等が在籍する学校に在籍している等当該児童等と一定の人的関係にある他の児童等が行う心理的又は物理的な影響を与える行為（インターネットを通じて行われるものを含む。）であって、当該行為の対象となった児童等が心身の苦痛を感じているものをいう。

（いじめの禁止）

第四条　児童等は、いじめを行ってはならない。

（学校及び学校の教職員の責務）

第八条　学校及び学校の教職員は、基本理念にのっとり、当該学校に在籍する児童等の保護者、地域住民、児童相談所その他の関係者との連携を図りつつ、学校全体でいじめの防止及び早期発見に取り組むとともに、当該学校に在籍する児童等がいじめを受けていると思われるときは、適切かつ迅速にこれに対処する責務を有する。

（保護者の責務等）

第九条　保護者は、子の教育について第一義的責任を有するものであって、その保護する児童等がいじめを行うことのないよう、当該児童等に対し、規範意識を養うための指導その他の必要な指導を行うよう努めるものとする。

2　保護者は、その保護する児童等がいじめを受けた場合には、適切に当該児童等をいじめから保護するものとする。

3　保護者は、国、地方公共団体、学校の設置者及びその設置する学校が講ずるいじめの防止等のための措置に協力するよう努めるものとする。

4　第一項の規定は、家庭教育の自主性が尊重されるべきことに変更を加えるものと解してはならず、また、前三項の規定は、いじめの防止等に関する学校の設置者及びその設置する学校の責任を軽減するものと解してはならない。

第三章　基本的施策

（いじめの早期発見のための措置）

第十六条　学校の設置者及びその設置する学校は、当該学校におけるいじめを早期に発見するため、当該学校に在籍する児童等に対する定期的な調査その他の必要な措置を講ずるものとする。

３　学校の設置者及びその設置する学校は、当該学校に在籍する児童等及びその保護者並びに当該学校の教職員がいじめに係る相談を行うことができる体制（次項において「相談体制」という。）を整備するものとする。

４　学校の設置者及びその設置する学校は、相談体制を整備するに当たっては、家庭、地域社会等との連携の下、いじめを受けた児童等の教育を受ける権利その他の権利利益が擁護されるよう配慮するものとする。

（いじめの防止等のための対策に従事する人材の確保及び資質の向上）

第十八条　国及び地方公共団体は、いじめを受けた児童等又はその保護者に対する支援、いじめを行った児童等に対する指導又はその保護者に対する助言その他のいじめの防止等のための対策が専門的知識に基づき適切に行われるよう、教員の養成及び研修の充実を通じた教員の資質の向上、生徒指導に係る体制等の充実のための教諭、養護教諭その他の教員の配置、心理、福祉等に関する専門的知識を有する者であっていじめの防止を含む教育相談に応じるものの確保、いじめへの対処に関し助言を行うために学校の求めに応じて派遣される者の確保等必要な措置を講ずるものとする。

（インターネットを通じて行われるいじめに対する対策の推進）

第十九条

3　インターネットを通じていじめが行われた場合において、当該いじめを受けた児童等又はその保護者は、当該いじめに係る情報の削除を求め、又は発信者情報（特定電気通信役務提供者の損害賠償責任の制限及び発信者情報の開示に関する法律（平成十三年法律第百三十七号）第四条第一項に規定する発信者情報をいう。）の開示を請求しようとするときは、必要に応じ、法務局又は地方法務局の協力を求めることができる。

（いじめの防止等のための対策の調査研究の推進等）

第二十条　国及び地方公共団体は、いじめの防止及び早期発見のための方策等、いじめを受けた児童等又はその保護者に対する支援及びいじめを行った児童等に対する指導又はその保護者に対する助言の在り方、インターネットを通じて行われるいじめへの対応の在り方その他のいじめの防止等のために必要な事項やいじめの防止等のための対策の実施の状況についての調査研究及び検証を行うとともに、その成果を普及するものとする。

第四章　いじめの防止等に関する措置

（いじめに対する措置）

第二十三条　学校の教職員、地方公共団体の職員その他の児童等からの相談に応じる者及び児童等の保護者は、児童等からいじめに係る相談を受けた場合において、いじめの事実があると思われるときは、いじめを受けたと思われる児童等が在籍する学校への通報その他の適切な措置をとるものとする。

３　学校は、前項の規定による事実の確認によりいじめがあったことが確認された場合には、いじめをやめさせ、及びその再発を防止するため、当該学校の複数の教職員によって、心理、福祉等に関する専門的な知識を有する者の協力を得つつ、いじめを受けた児童等又はその保護者に対する支援及びいじめを行った児童等に対する指導又はその保護者に対する助言を継続的に行うものとする。

４　学校は、前項の場合において必要があると認めるときは、いじめを行った児童等についていじめを受けた児童等が使用する教室以外の場所において学習を行わせる等いじめを受けた児童等その他の児童等が安心して教育を受けられるようにするために必要な措置を講ずるものとする。

（学校の設置者による措置）

第二十四条　学校の設置者は、前条第二項の規定による報告を受けたときは、必要に応じ、その設置する学校に対し必要な支援を行い、若しくは必要な措置を講ずることを指示し、又は当該報告に係る事案について自ら必要な調査を行うものとする。

（出席停止制度の適切な運用等）

第二十六条　市町村の教育委員会は、いじめを行った児童等の保護者に対して学校教育法第三十五条第一項（同法第四十九条において準用する場合を含む。）の規定に基づき当該児童等の出席停止を命ずる等、いじめを受けた児童等その他の児童等が安心して教育を受けられるようにするために必要な措置を速やかに講ずるものとする。

第五章　重大事態への対処

（学校の設置者又はその設置する学校による対処）

第二十八条　学校の設置者又はその設置する学校は、次に掲げる場合には、その事態（以下「重大事態」という。）に対処し、及び当該重大事態と同種の事態の発生の防止に資するため、速やかに、当該学校の設置者又はその設置する学校の下に組織を設け、質問票の使用その他の適切な方法により当該重大事態に係る事実関係を明確にするための調査を行うものとする。

一　いじめにより当該学校に在籍する児童等の生命、心身又は財産に重大な被害が生じた疑いがあると認めるとき。

二　いじめにより当該学校に在籍する児童等が相当の期間学校を欠席することを余儀なくされている疑いがあると認めるとき。

2　学校の設置者又はその設置する学校は、前項の規定による調査を行ったときは、当該調査に係るいじめを受けた児童等及びその保護者に対し、当該調査に係る重大事態の事実関係等その他の必要な情報を適切に提供するものとする。

第六章　雑則

（学校評価における留意事項）

第三十四条　学校の評価を行う場合においていじめの防止等のための対策を取り扱うに当たっては、いじめの事実が隠蔽されず、並びにいじめの実態の把握及びいじめに対する措置が適切に行われるよう、いじめの早期発見、いじめの再発を防止するための取組等について適正に評価が行われるようにしなければならない。

あとがき

吃音支援を始めて約20年経ち、これまで500名以上の吃音のある人、その保護者の話を聞き、向き合ってきました。私の臨床姿勢としては、
「吃音の影響を最小限にして、本人のもっている力を最大限に引き出す」
「吃音のある人の人生の選択肢を増やす関わりをする」
という方針で、医療および福祉の力を借りることで吃音について考えてきました。

2000年以降、ハンディを社会モデルで捉え始め、社会障壁をなくす努力が世界で始まり、日本では2016年に「障害者差別解消法」が導入されました。

言語聴覚士やことばの教室の教諭だけではなく、さまざまな専門家が吃音に関わることで新しい支援法が生まれると思います。例えば、法学部出身の人が関わることで法律の解釈の幅が広がりますし、私を始め診断書を記載できる医師が関わることで社会的な支援を受けることができるようになります。

法律を活用した吃音支援は、まだ始まったばかりです。

以前は、吃音の話はタブー、暗黙の了解、という考えで吃音の問題を、その人個人の問題とされていました。しかし、時代が変わり、吃音はオープンに話し合い、社会全体の問題と捉え始めています。

吃音を隠しながらではなく、吃音のあるまま学校・社会に参加する権利を保証することが合理的配慮だと考えます。

吃音のある人の人権を考える時代がやってきています。さらに言うと、吃音のある子の保護者、特に母親の人権も考える時代となっています。本書がそのことについて考えるきっかけとなれば幸いです。

巻末資料1はコピーして使用いただいても構いません。ＰＤＦデータで希望される方は、私までメールをいただければ送ります。

本書の構想は２０１５年に思いつきましたが、法律の解釈、資料の作成などで時間がかかってしまい、４年も待っていただいた学苑社の杉本哲也社長には大変感謝申し上げます。

また、私を耳鼻咽喉科の医師として育てていただいた九州大学耳鼻咽喉科学教室の皆様に感謝申し上げます。そして何よりも、休みの日にも仕事や出張で家に不在がちの私を理解し、応援してくれている妻と小学生の息子に感謝いたします。

２０１９年６月

医師　菊池良和

参考文献

第2章　吃音のメカニズム

久保牧子・菊池良和「吃音のある子どもの母親と幼稚園教諭への調査から：親の会を立ち上げて」コミュニケーション障害学35(2)：80–84. 2018.

日本聴能言語士協会講習会実行委員会『コミュニケーション障害の臨床2』協同医書出版社 2001.

見上昌睦・森永和代「吃音者の学校教育期における吃音の変動と通常の学級の教師に対する配慮・支援の要望」聴覚言語障害34(3)：61–81. 2006.

第3章　吃音と法律

大塚晃「発達障害者支援法（特集 子どもの心（1））―（子どもの心を育む行政施策）」母子保健情報54：74–78. 2006.

日本精神神経学会日本語版用語監修　高橋三郎・大野裕監訳『DSM–5精神疾患の診断・統計マニュアル』医学書院 2014.

外務省「障害者権利条約」2018.

第4章　幼児

菊池良和『エビデンスに基づいた吃音支援入門』学苑社 2012.

Reilly S., Onslow M., Packman A., et al. Natural history of stuttering to 4 years of age: a prospective community–based study. Pediatrics. 132; 460–467. 2013.

Yairi E. and Ambrose N. Early childhood stuttering. Austin: Pro–Ed, Inc. 2005.

Ambrose NG., Cox NJ., and Yairi E. The genetic basis of persistence and recovery in stuttering. J Speech

Lang Hear Res Jun : 40(3) : 567–580. 1997.
伊藤友彦「構音、流暢性に対するメタ言語知識の発達」音声言語医学36 : 235–241. 1995.
Frank A., and Bloodstein O. Frequency of stuttering following repeated unison readings. J Speech Hear Res 14: 519–524. 1971.

第5章　小学校

中央教育審議会初等中等教育分科会「共生社会の形成に向けたインクルーシブ教育システム構築のため特別支援教育の推進（報告）、平成24年7月」
見上昌睦・森永和代「吃音者の学校教育期における吃音の変動と通常の学級の教師に対する配慮・支援の要望」聴覚言語障害34(3) : 61–81. 2006.
Langevin M., Bortnick K., Hammer T., and Wiebe E. Teasing/Bullying experienced by children who stutter: Toward development of a questionnaire. Contemporary Issues in Communication Science and Disorders ; 25: 12–24. 1998.
高畑英樹「通常の学級担任が行う九九習得多層指導モデルに関する実践研究―誤答分析をもとにした早期介入の効果―」兵庫教育大学教育実践学論集 18, 15–25. 2017.

第6章　中学校・高等学校

中萬学院グループ「入試制度はどう変わる？「新入試制度解説」　なぜ全員に面接？」
https://www.chuman.co.jp/maruwakarihigh/explain_02.html
文部科学省「高大接続改革の実施方針等の策定について（平成29年7月13日）」
http://www.mext.go.jp/b_menu/houdou/29/07/1388131.htm

見上昌睦・森永和代「吃音者の学校教育期における吃音の変動と通常の学級の教師に対する配慮・支援の要望」聴覚言語障害34(3)：61–81. 2006.

第7章　大学・専門学校

障がい学生支援に関するガイドライン（例：福岡大学）
https://www.fukuoka-u.ac.jp/pdf//support/life/barrier_free/barrier_free_2.pdf

福岡市での公務員の採用試験（2018年定期募集（上級））
http://www.city.fukuoka.lg.jp/data/open/cnt/3/37577/1/20180914jisshijyokyo.pdf?20190424132338

総務省「発達障がい者に対する療育手帳の交付について（概要）」http://www.soumu.go.jp/main_content/000081476.pdf

第8章　就職

飯村大智「生活実態調査による成人の吃音者の就職・就労に関する研究」コミュニケーション障害学32：204–208, 2015.

飯村大智「吃音者の就労と周囲の配慮に関する実態調査：予備的研究」音声言語医学57(4)：410–415, 2016.

巻末資料1

飯村大智・安井美鈴・横井秀明「言語聴覚士養成課程における吃音学生の困難と支援・配慮に関する実態：吃音者対象の質問紙調査より」言語聴覚研究14(4)：354–368, 2017.

巻末資料2

いじめ防止対策推進法（平成二十五年法律第七十一号）
http://www.mext.go.jp/a_menu/shotou/seitoshidou/1337278.htm

著者紹介

菊池　良和（きくち　よしかず）

九州大学病院　耳鼻咽喉・頭頸部外科　助教　医学博士

メールアドレス：kiku618@gmail.com

中学１年生のときに、「吃音の悩みから救われるためには、医者になるしかない」と思い、猛勉強の末、鹿児島ラ・サール高校卒業後、1999年九州大学医学部に入学。医師となり、研修医を２年間終えた後、2007年に九州大学耳鼻咽喉科に入局。2008年より九州大学大学院に進学し臨床神経生理学教室で、「脳磁図」を用いた吃音者の脳研究を行ない、今まで４度国内外での受賞をしている。現在、九州大学病院耳鼻咽喉科で吃音外来を担当。吃音の著書は本書で10冊目。年平均20回、全国各地の講演会に招待され、吃音の啓発に努めている。医師の立場で吃音の臨床、教育、研究を精力的に行なっている第一人者である。

装画　立野綾菜

熊本保健科学大学言語聴覚学科卒、福岡県久留米市はかたみち耳鼻咽喉科にて言語聴覚士として勤務。

装丁　有泉武己

吃音の合理的配慮

2019年８月10日　初版第１刷発行
2024年10月10日　初版第４刷発行

著　　者　菊池　良和
発 行 者　杉本　哲也
発 行 所　株式会社学苑社
東京都千代田区富士見２-10-２
電話　03（3263）3817
Fax　03（3263）2410
振替　00100-7-177379
印刷・製本　藤原印刷株式会社

検印省略

乱丁落丁はお取り替えいたします。
定価はカバーに表示してあります。

ISBN978-4-7614-0807-7　C3037